상호대차

상호대차;
내 인생을 관통한 책

초판 1쇄 발행 2019년 2월 28일
초판 2쇄 발행 2019년 4월 26일
2판 1쇄 발행 2020년 9월 22일

지은이 강민선
펴낸이 황남희
책임편집 손선일, 안지혜, 황부농
표지디자인 원재희
본문디자인 스튜디오 티끌

펴낸곳 이후진프레스
출판등록 2018년 1월 9일(제25100-2018-000002호)
이메일 2huzine@gmail.com
인스타그램 @now_afterbooks

ISBN 979-11-962955-3-0 (03810)
값 11,000원

이후진프레스는 독립책방 이후북스의 출판 브랜드입니다.

이 도서의 국립중앙도서관 출판예정도서목록(CIP)은
서지정보유통지원시스템 홈페이지(http://seoji.nl.go.kr)와
국가자료종합목록시스템(http://www.nl.go.kr/kolisnet)에서
이용하실 수 있습니다. (CIP제어번호 : CIP2019000553)

상호대차;

내 인생을 관통한 책   강민선

차례

들어가는 글 · 9

스물일곱과 마흔 사이 · 12

보리수 이파리가 떨어진 자리 · 30

먼저 네 자신을 확신시킬 것 · 48

나의 생을 진정으로 아끼고 사랑하는 방식 · 60

이처럼 혁신적이고 평등한 · 74

사람으로 아껴주고 존중하고 좋아하는 · 86

진실이 되는 거짓말 거짓말이 되는 진실 · 104

과거가 미래가 되는 시간의 역학 관계 · 120

계속해서 이해해 나가는 중 · 136

살갗으로 읽는 나의 성장소설 · 154

맺는 글 · 171

들어가는 글

도서관 사서로 일했을 때 이용자로부터 가장 많이 받았던 질문은 이것이었다.

"이 책 여기 있어요?"

자료실에서, 전화로, 메일로 간절히 책을 찾는 이들에게 "네, 여기 있어요."라고 대답해줄 때가 가장 기뻤다. 하지만 여기 없는 책이라면? 그 책이 있는 다른 곳을 찾아주고, 최대한 편리하게 빌려볼 수 있는 방법을 알려주는 게 사서의 일이었다. 책이 어디에 있든 그 책을 찾는 사람이 주인이 되는 곳이 도서관이니까.

'상호대차'는 본래 도서관 간 장서 공유 서비스로 한 도서관의 장서를 다른 도서관에서 받아볼 수 있도록 연결해주는 것을 말한다. 여기에 없는 책을 저기에서 대출할 수 있고 저기에서 빌린 책을 여기에서 반납할 수 있다. 책은 한곳에 머무는 게 아니라 찾는 사람에 따라 자리와 주인을 바꿔가며 이동한다.

여기서 착안해 이 책을 썼다. 내가 과거에 여기저기에서 만난 책 중 열 권을 골라 지금 다시 읽고 쓴 독서 일기이자, 그 책들이 한 사람의 인생에서 얼마나 중요한 역할을 해주었는지 들려주고 싶었다. 책을 혼자 읽어나갔을 때는 한 사람의 독자였지만 책에 대한 이야기를 당신에게 들려주고 있는 지금은 어느 가상 도서관을 운영하는 관장이자 사서인 셈이다. 동네 작은 서점의 주인이자 직원이며, 책과 얽힌 나의 이야기를 자신의 문체로 풀어내는 작가이기도 하다. 사람과 사람이 만나 서로의 접점을 발견하고 확장하며 관계를 지속해 나아가는 것처럼 나는 책들과도 그런 식으로 만났다.

기억에서 건진 이 열 권의 책이 나의 전부라고는 말할 수 없다. '이 글을 쓰는 동안'이라는 한정된 시간 가운데 기억의 문틈으로 얼굴을 내밀거나 우연히 내 눈에 띈 책일 가능성이 더 높을 것이다. 그중엔 이 글을 쓰기 위해 다시 읽어야 할 정도로 기억에서 희미해졌거나, 다시 찾아 읽을 수 없는, 지금은 절판되어 중고서점에서조차 찾기 힘들어진 책도 있다. 그 책을 기

어이 다시 찾아 읽은 과정도 여기에 담았다.

　책은 여느 물건과 달라서 한 사람이 완전히 소유할 수 없으며, 누군가 책을 일부 소유했다면 바로 그 소유한 사람을 통해서 다시 바깥세상으로 흘러나오게 되어 있다. 눈빛으로든 몸짓으로든 말과 글로든. 나를 관통한 생각들이 다시 세상과 만나게 되는 것. 나는 그 점이 이 세상 모든 것을 통틀어 유일하게 책만이 가진 고유한 성질이라고 생각한다. 사람과 사람, 사람과 세상 사이를 돌고 도는 책과 이야기를 통해 내 기억이 끌어올려 지고 그 동력으로 내 삶이 나아가듯 이 책 또한 당신을 움직였으면 좋겠다.

　차례를 보는 순간 일부 제목에 눈이 가거나 반가움을 느낀 독자가 나타나주기를 바란다. 사실 이 책은 당신을 위해서 쓴 것이다. 당신과 내 인생의 접점이 되어줄 이 책에 대해 할 말이 있는 또 다른 사람, 할 말이 있는 다른 책들을 몇 권 더 아는 사람이 나온다면 언젠가 꼭 그 이야기를 들려주길 바란다. 상호대차는 당신의 이야기를 기다린다.

2019년 2월
서울 마포구 성산동에서

이렇게 다 들통이 나는구나!
한 사람을 관통했던 시간이, 세월이, 역사가.
두 개의 같은 듯 다른 소설을 읽고 나니
어떤 것이 더 좋다는 생각은 들지 않았다.

스물일곱과
마흔 사이

김연수 《7번 국도》 1997년 출간
은평구립도서관 2015년 1월 대출

2015년 1월, 도서관에 입사한 지 일 년이 지난 겨울이었다. 나는 제주도 여행을 준비하며 여행지에서 읽을 만한 책을 고르고 있었다. 도서관 종합자료실은 선택의 폭을 무한대로 넓혀주었다. 업무가 끝난 주말 오후, 석양이 자료실 서가 사이사이를 고르게 비춰주고 있었다. 무엇을 데려갈까, 무엇이 내 여행을 더 즐겁게 해줄까 고민하던 중에 한국소설 서가에서 이 책을 발견했다. 김연수 작가가 쓴 1997년 판 《7번 국도》였다.

나는 손을 뻗어 책을 꺼내 한 장씩 넘겨보았다. 아직도 그날의 장면과 느낌이 생생하다. 이용자들이 모두 나간 자료실에 남은 건 나와 책들뿐이었다. 내가 한 권의 책을 뽑아 들면 다른 모든 책이 숨죽여 질투하듯 나를 응시하고 있는 게 느껴졌다. '그 책을 내려놓고 대신 나를 봐.' 이런 소리들은 어린 시절 새마을문고를 드나들 때부터 들어왔다. 나는 책에서 느껴지는 작고 나직한 소리들이 좋았다.

내 손에 들린 《7번 국도》는 얇고 가벼웠다. 묵은 책 냄새, 먼지 냄새 같은 것이 났다. 입사 첫날, 자료실 곳곳을 함께 다니며 업무를 알려주었던 팀장은 이 도서관에 오래된 책이 많다고 말했다. 다른 지역에서 상호대차를 신청하는 이용자가 많은 것도 그 이유라고 했다. 공간이 부족하다고 헌책부터 버리면 안 된다고 주의를 주었다. 나는 모든 말들을 새겨들었다. 오래된 책이 있는 도서관에서 일할 수 있게 되어 참으로 좋았다.

1997년 판 《7번 국도》도 다른 곳에서는 구하기 힘든 책이다. 김연수 작가의 최근 책들은 대부분 읽었지만 초기작은 아직이었다. 아마 그날이 아니었다면, 제주도 여행에 함께할 책을 고르지 않았더라면, 모두 집에 돌아가고 텅 빈 은평구립도서관 종합자료실 서가가 아니었다면, 어쩌면 그 책은 여전히 '아직'이었을지도 모른다. 내 주변 어딘가에 늘 가까이 있었고 언제든 마음만 먹으면 읽을 수 있었지만, 결국엔 읽지 않은 '아직'. 나는 그날 여행의 동반자로 '아직'의 세계에만 머물러 있던 이 책을 건져 올렸다.

그리고 정말 열심히 읽었다. 일주순환 버스 안에서도 읽었다. 잘 골랐다는 생각이 들었다. 버스에서 책을 펴면 일 분도 지나지 않아 멀미하기 때문에 그동안은 핸드폰 문자도 잘 보지 못했다. 한데 그때는 신기하게도 책이 읽혔다. 그것도 꽤 오래. 한 줄 한 줄 읽어 내려가는데 희한했다. 속이 거북하지 않았다. 장 단위로 넘어가도 괜찮았다. 오히려 달리는 버스에서 책을 읽는 게 상쾌해서 계속 다음 장을 읽고 싶었다. 책을 읽고 싶은 마음이 멀미를 이긴 것일까? 이후 나는 다시 버스에서 활자만 보면 멀미를 하는 사람으로 돌아갔기에 그때의 기억이 더 특별할 수밖에 없다.

그로부터 삼 년 하고도 칠 개월이 지났다. 해마다 제주도에 갔고 면허를 딴 다음부터는 렌트를 해서 운전을 하느라 버스에서 책을 읽는 일도 없었다. 매번 어떤 책을 가지고 갔을 텐데 그때처럼 기억에 남는 책은 없다. 차로 이동하면 편했지만 포기해야 하는 것도 있었다. 운전대를 붙잡고 있어야 하니 달리는 차 안에서 책을 읽는 일은 꿈도 꿀 수 없었고, 목적지를 정할 때마다 도로 상황과 주차장 시설을 고려하는 게 먼저였기 때문에 책은 늘 뒷전이었다. 적당한 곳에 자리를 잡고 책을 읽다가도 야간 운전에 대한 두려움 때문에 해가 지기 전에 숙소로 돌아와야 했다.

그사이 나는 신입 사서를 벗어나 어느덧 오 년 차 사서로 거듭나고 있었다. 업무가 끝난 뒤에 텅 빈 도서관 서가를 한가하게 거니는 시간도 점점 사라졌다. 불가능해졌다. 도서관 사서에게 그 공간은 한가하게 거니는 곳이 아니라 잰 걸음으로 눈치를 살피며 빠르게 움직여야만 하는 곳이었다. 도서관도 여느 회사와 다르지 않았다. 오랜 시간을 도서관에서 보내고 도서관을 위해 일하다 왔으면서도 집에 돌아오면 온종일 내가 무엇을 했는지 모를 정도로 허전했다. 그 마음에 혼자서 책을 만들기 시작했다. 불가능한 시간을 쪼개고 쪼개서 만들었다. 그러다가 결국 도서관을 그만두었다.

내게도 이 책은 있었다. 하지만 내가 갖고 있는 건 2010년에 나온 《7번 국도 Revisited》였다. 작가는 《7번 국도》가 나오고 십삼 년 뒤에 《7번 국도 Revisited》라는 제목으로 다시 썼고, 내가 도서관에서 빌려 읽은 《7번 국도》는 이미 절판된 뒤였다. 절판된 책은 온라인 중고서점에서 이만 원에 거래 중이었다. 정가의 네 배였다.

나는 책장에서 꺼낸 《7번 국도 Revisited》를 몇 장 넘겨보다가 말았다. 내가 처음 읽은 건 이 책이 아니었다. 내용을 거의 다 잊어버린 이제 와서 《7번 국도》든 《7번 국도 Revisited》든 무슨 차이가 있나 싶을 테지만 내용을 기억하지 못하고 있기 때문에, 그러니까 차이를 모르기 때문에 더더욱 처음 읽은 바로 그 책이 절실히 필요했다. 1997년 판 《7번 국도》. 나는 자연스럽게 삼 년 칠 개월 전에 빌려보았던 《7번 국도》가 있는 곳, 그러나 보름 전에 그만둔 은평구립도서관의 홈페이지에 접속했다.

하필이면 그만두고 나서야 이 책이 필요할까, 이렇게 쓰일 줄 알았다면 그만두기 전에 빌려놓을걸. 다시 그 도서관까지 가는 건 물리적으로도 심리적으로도 좀 힘들 것 같다. 하지만 그 도서관은 상호대차 서비스가 가능한 곳이었다. 마포구와 가까운 은평구 수색동의 디지털미디어시티역(이하 디엠시역)까지 책을 배달해 주기 때문에 나는 어렵지 않게 서비스를 신청할 수 있었다. 도서관 직원이었을 때에는 까다롭고 복잡한 업무라고만 생각했는데 이용자가 되고 보니 이토록 편리할 수가 없다. 신청할 때 내 이름이 보이는 게 좀 민망해서 사전에 남편에게 허락을 구하고 남편 아이디로 신청했다. 어차피 가족으로 묶여 있기 때문에 빌리는 데 문제는 없을 것이다.

그러나 이것이 커다란 착오라는 점을 이어지는 글에서 길게 설명할 예정이다. 너무 길어서 간략하게 시간순으로 번호를 매겨 정리했다. 지하철 무인대출기 상호대차를 이용해본 적이 있는 당신이라면 쉽게 이해하겠지만, 혹시라도 해본 적이 없거나 앞으로 해볼 생각이 있는 당신에게는 다음 순서가 도움이 되기를 바란다.

1. 무인대출기를 사용하려면 회원증이 있어야 한다. 헛걸음하는 일이 없도록 집을 나서기 전에 지갑에 회원증이 있는지 다시 한번 확인했다. 있었다.
2. 6호선 망원역에서 디엠시역까지는 세 정거장이다. 디엠시역에 도착해서 헤매는 시간을 줄이기 위해 지하철을 타는 동안 무인대출기의 위치를 다시 한번 확인했다. 1번 출구와 5번 출구 사이에 있었다.
3. 디엠시역 1번 출구와 5번 출구 사이로 가서 무인대출기를 확인했다. 감회가 새롭다. 근무하는 동안에는 한 번도 너를 이용해보지 않았는데 이제야 만나는구나, 우리. 악수라도 청하고 싶은 심정이었다. 대신 지갑에서 회원증을 꺼내 리더기에 읽혔다.
4. 띠링! 소리가 나면서 화면에 "예약된 책이 없습니다."라는 메시지가 보였다. (3번으로 돌아간다.)
4-1. 띠링! 소리가 나면서 화면에 "예약된 책이 없습니다."라는 메시지가 또 보였다. 그럴 리가 없잖아. 정확히 F열 3번 셀에 나의 《7번 국도》가 들어 있었다. (3번으로 돌아간다.)

4-2. 띠링! 소리가 나면서…… 그제야 깨달았다. 회원증은 내 것이었고 나는 남편의 아이디로 예약했다는 것을. 예약된 책을 찾으려면 남편의 회원증이 있어야 했다.

5. 리브로피아 앱(전국 도서관 통합 관리 시스템 모바일 어플리케이션)을 이용하기로 했다. 그 안에는 내 회원증은 물론 남편의 회원증도 함께 등록되어 있으니까.

5-1. 리브로피아 앱을 삭제한 것을 깨닫고 다시 다운로드를 시도했다.

5-2. 스마트폰 용량이 부족해서 다운로드에 실패했다.

5-3. 앱 중에 잘 안 쓰는 네 개를 삭제했다.

5-4. 리브로피아 앱을 다운로드했다.

5-5. 리브로피아에 로그인을 해야 하는데 비밀번호를 잊어 버렸다.

5-5-1. 리브로피아 비밀번호 찾기를 시도했다. 해당 이메일 주소로 임시 비밀번호를 보내준다고 했다.

5-5-2. 임시 비밀번호를 알려면 해당 이메일 주소로 로그인을 해야 하는데 자꾸 틀렸다고 했다.

5-5-2-1. 계속 눌러보았다. 원래 오른손에 수전증이 있어서 같은 번호를 두 번씩 누를 수도 있으므로 하나씩

천천히 눌러보았다. 계속 안 된다.

5-5-2-2. 새로운 비밀번호를 정했다.

5-5-2-3. 로그인 다섯 번 실패로 보안문자를 확인하라고 했다. 확인했다. 눈이 아프고 어지럽다……

여기까지 읽었다면 내가 어떤 상황에 놓인 건지 짐작할 수 있겠는가. 그렇다. 이건 '인셉션'이다. 영화 〈인셉션〉에 나오는 꿈속의 꿈속의 꿈…… 저 위의 숫자들을 이어주는 '-'가 늘어날 때마다 나는 더 깊은 단계의 꿈을 꾸는 것이었고, 그 꿈속의 열쇠(비밀번호)를 풀어야만 현실로 빠져나올 수 있다. 저 무인대출기 속에 갇혀 있는 나의 《7번 국도》를 구출해 오는 것이다. 나는 번번이 로그인에 실패하고 비밀번호를 찾기 위해 기를 쓰면서도 이것이 몇 번째 단계인지, 그러니까 몇 번째 꿈인지를 기억하고 있어야 했다. 그러지 않으면 영원한 미궁 속에서……

마침내 리브로피아 로그인에 성공했지만, 그래서 남편의 회원증 바코드를 불러올 수 있었지만, 나는 《7번 국도》를 꺼내오지 못했다. 아무리 스마트폰 화면을 가져다 대도 기계가 바코드를 읽지 못했다.

'아, 이래서 이용자들이 도서관에 전화를 걸었구나.'

순식간에 이용자 처지를 이해하게 되었다.

'전화를 걸어서 짜증을 냈구나.'

내가 일했던 곳이 아니고 동료들이 일하고 있는 곳이 아니라면 나도 그랬을지 몰랐다.

"화면 밝기를 조정해주세요. 밝아야 읽혀요!"

아마도 무수한 이용자에게 나는 내가 시도해본 적 없는 대안을 알려줬을 것이다. 당연히 성공해본 적도 없는 대안을. 이럴 때 전화를 걸 수 있는 사람들의 얼굴이 몇 명 떠올랐다가 그냥 돌아섰다. 퇴사한 직원이 이런 일로 전화를 걸어 복잡하고 번거로울게 뻔한 요청을 할 수는 없었다.

혹시 그것 때문일까. 며칠 전에 도서관 전산팀장에게서 연락이 왔다. 내 도서관 메일 계정을 삭제할 예정인데 백업할 게 있느냐고 물었다. 이미 정리할 건 다 하고 나왔기 때문에 없다고 했다. 행복하게 지내라고 답이 왔다. 전산팀장은 내 작업 도구인 노트북이 말썽이었을 때 살며시 고쳐주신 고마운 분이다. 팀장님이 아니었으면 난 책 못 만들었어요. 책을 만들지 않았으면 도서관을 그만두는 일도 없었을까요……. 잠시 만감이 교차했다. 팀장님도 행복하게 지내시라고 대답했고 정말 그랬으면 좋겠다고 생각했다. 혹시 그날 내 계정을 삭제하면서 도서관과 관련된 모든 등록 정보가 사라진 걸까. 늘 직원 아이디로 로그인을 했으니 그럴 수도 있는 일이었다. 아아, 모르겠다. 이미 헤어진 연인에게 찾아가 배고플 때 같이 밥만 먹어 줄 수 있겠느냐고 물을 수는 없는 거였다.

이 글이 이렇게 길어진 이유는 내가 긴 시간을 디엠시역 무인대출기 앞에서 보냈기 때문이다. 정말 길고 긴 시간이었다. 중간에 배가 고파서 바로 옆 편의점에 들어가 삼각김밥이라도 사 먹을까 고민했을 정도였다.

지금 내 손에 있는 책은 그 일이 있고 난 뒤에 정독도서관에서 빌려 온 《7번 국도》 초판이다. 내가 읽은 책과 많이 닮았지만, 뭐 거의 똑같지만, 책 앞날개에 있는 김연수 작가의 미소년 같은 프로필 사진도, 지금은 어떤 책에서도 사용하지 않을 것 같은 서체의 제목도, 5,000원이라는 가격도 그대로지만, 애초에 다시 만났어야 할 책은 이게 아니라는 생각을 지울 수가 없다. 내가 만나야 할 책은 아직도 디엠시역 1번과 5번 출구 사이에 위치한 무인대출기 F열 3번 셀에 갇혀 나를 기다리고 있을 것만 같다.

7월 말의 포항, 서울에서 미리 부쳐놓은 자전거를 받아들고 7번 국도를 따라 자전거 여행을 시작하려는 '나'와 '재현'에게 포항역 소화물 창구 담당 역원은 '7번 국도의 희생자들'이라는 제목의 리스트 한 장을 보여준다. 젊은 시절 민주화운동을 하던 중 '죽음을 초극해야만 했던' 경험을 가진 역원은 그 후로 소화물 센터에서 일하며 7번 국도에서 죽은 자들의 잊힌 이름을 모으고 있었다. 이에 감동을 한 재현은 그 리스트를 만 원에 산다. 그리고 둘의 자전거 여행이 끝났을 때 자신들을 찍은 사진과 동봉하여 리스트를 다시 역원에게 보낸다. '7번 국도의 생존자들'이라는 이름으로.

사실 이건 이 소설의 엄청난 스포일러이다. 이 책 《7번 국도》의 가장 커다란 줄기가 이 두 사람이 7번 국도를 따라 자전거 여행을 하는 과정이었고, 여행의 시작과 끝이 저 한 문단에 다 담겨 있기 때문이다. 하지만 스포일러가 될 수 없는 이유가 있는데 이 책의 1997년 판에는 초반 십 페이지가량에 걸쳐 마치 이야기 전체의 요약본처럼 저 내용이 다 나오기 때문이다. 십삼 년이 지난 2010년 판은 다르다. 한 번에 요약해놓은 것을 시간순으로 풀어헤치기도 했고 어떤 부분은 통째로 지워버렸다. 상황은 비슷한데 등장인물의 대화와 문장이 달라졌고 그에 따라 장 제목도 바뀌었다. 아니다. 더 정확하게 말하자면 이건 완전히 다른 소설이다. 스물일곱의 김연수와 마흔의 김연수가 각각 쓴 다른 소설이었다.

어느 순간부터 나는 아예 두 권의 책, 그러니까 스물일곱의 김연수가 쓴 《7번 국도》와 마흔의 김연수가 쓴 《7번 국도 Revisited》를 모두 펼쳐 놓고 한 장씩 비교해가면서 읽고 있었다. 깜짝 놀랄 만한 점은 같은 문장이 단 한 군데도 없다는 것이다. 정말 단 한 문장도. 어떻게 이럴 수가 있는가. 이건 작가가 1997년 판을 펼쳐 놓고 일부러 자신이 썼던 문장을 피해서 쓰지 않는 이상 불가능할 것 같았다. 진짜 그런 식으로 다시 쓴 걸까.

실제로 《7번 국도 Revisited》에는 작가가 된 화자가 《7번 국도》를 쓴 지 십여 년 만에 7번 국도를 방문하고 처음부터 다시 써보기로 결심하는 장면이 나온다. 이것 참 독서가 아주 흥미로운 국면에 접어들었군. 화자=작가라는 착각은 금물이라는 걸 알지만 어찌 동급으로 생각하지 않을 수 있겠는가. 스물일곱의 김연수는 이렇게 썼는데 왜 같은 문장을 마흔의 김연수는 이렇게 고쳤을까? 바뀐 부분을 구체적으로 나열해

볼까도 싶지만 왠지 작가에게 허락을 구해야 할 것 같은데 어디서 어떻게 물어봐야 할지. 저, 안녕하세요? 제가 작가님의 책에 대한 글을 쓰려고 하는데요, 아, 저요? 저는 작가는 아니고요, 그냥 독립출판하는 사람인데요, 이게 꼭 책으로 나오리란 보장은 없고요……. 이렇게 하면 되나?

바뀐 문장 중에는 1997년에서 2010년 사이에 바뀌어버린 사회적인 인식이나 분위기도 보였고, 나이가 들면서 변했으리라 짐작되는 작가 개인의 성향도 보였다. 화자가 여성 인물을 묘사하는 방식과, 화자와 여성 인물과의 대화 내용을 보면 알 수 있었다. 서로에게 건네는 질문들이 곧 작가의 질문이고, 서로에게 건네는 대답들이 곧 작가의 대답이라는 생각이 들자 1997년과 2010년 사이에 나타나는 미묘하거나 현격한 차이에서 나도 모르게 겁이 나기도 했다. 아, 이런 것이구나. 이렇게 다 들통이 나는구나! 한 사람을 관통했던 시간이, 세월이, 역사가.

두 개의 같은 듯 다른 소설을 읽고 나니 어떤 것이 더 좋다는 생각은 들지 않았다. 정확하게 말하자면 어떤 부분은 1997년 판이, 또 어떤 부분은 2010년 판이 더 좋았다. 하지만 어떤 부분도 1997년 판에서 시작되지 않은 게 없으니 1997년 판은 모든 이야기의 시작이라서 좋았고, 그것을 끈질기게 지니고 있다가 자그마치 십삼 년이라는 시간의 언어로 다시 쓴 2010년 판은 현재의 관점으로 다시 쓴 과거이기 때문에 대단할 수밖에 없다고 생각했다.

애초에 내가 염려했던 것은 2015년에 재밌게 읽은 소설이 삼 년이 지난 지금도 재밌을까 하는 거였다. 나의 경우 당시에 잘 읽은 책일수록 시간이 지난 뒤에는 애써 다시 펼쳐 보지 않으려 하는데, 시간의 흐름이 가져오는 어쩔 수 없는 차이를 받아들이기가 힘들기 때문이다. 그때는 좋았고 지금은 별로가 되어버리는 게 싫다. 분명히 그렇지 않은 경우도 있을 텐데 괜히 그게 겁이 난다. 내가 그토록 좋아했던 책이 지금은 아무것도 아닌 게 되어 버릴까 봐. 그러니 이 글쓰기는 적지 않은 부담을 안고 시작했다. 하지만 1997년 판과 2010년 판 모두 다시 읽기 시작하면서 나는 알게 되었다. 그때의 내가 왜 이 책에 빠져들 수밖에 없었는지를. 다시 읽어도 그렇게 되는 책이 있다.

아주 오래전 한 온라인 서점에서 아르바이트를 했을 때 일이다. 각 출판사에서 보내오는 책과 보도자료를 참고해서 온라인상에 책소개를 입력하는 일을 했었다. 그때 내 손에 들어온 책 중에 김연수 작가의 책이 있었다. 그때도 유명작가였는데 희한하게도 보도자료에 떡 하니 저자의 개인 핸드폰 번호가 기재돼 있는 것이 아닌가. 나는 눈을 씻고 몇 번을 다시 보았다.

작가 김연수. 011-xxx-xxxx

길에 떨어진 만 원짜리 한 장을 발견하고는 주변을 살핀 뒤 슬쩍 주워 주머니에 쓰윽 넣는 기분으로 그 번호를 내 핸드폰에 저장했다. 그리고 얼마간의 시간이 흘렀다.

히라노 게이치로의 신작 북토크가 있었던 홍대의 어느 지하 카페(구 이리카페)에서 그를 처음 보았다. 멀리, 거의 출입문 쪽에 쭈그리고 앉아 있는 김연수 작가를 보고는 혼자 '헉' 소리를 냈다. 이럴 수가, 김연수가 왔네. 나는 이때다 싶어서 핸드폰에 저장된 번호를 찾아 통화 버튼을 눌러보았다. 변태 같은가. 내가 몰래 저장해놓은 번호가 그의 번호가 맞는지 그저 궁금했던, 순수한 마음이었다고 말하고 싶다. 신호음이 들리고 김연수 작가가 앉은 자리로 시선을 돌려보았는데 세상에, 그가 주섬주섬 바지 주머니 속으로 손을 집어넣더니 핸드폰을 꺼내는 것이 아닌가. 나는 서둘러 전화를 꺼버렸다. 역시 변태 같은가. 당신이라면 그렇게 해보고 싶지 않았을까? 아니라고?

그 후로는 한 번도 작가의 전화번호를 눌러본 적이 없고, 여러 번 바뀐 지금의 핸드폰에는 더 이상 그의 번호가 없지만 행사장의 기억은 남아 있다. 행사가 시작되기 직전에 김연수 작가에게 다가가 사인을 부탁했다. 그러니까 나는 몰래 숨어서 염탐하는 스타일이기도 했지만 때에 따라서는 당당히 앞에 나서서 적극적으로 표현하는 성격이기도 했다. 당당히 그의 앞으로 다가갔다.

"사인해주세요!"

내민 작은 수첩에 조심스럽게 자신의 이름을 적어준 그때의 김연수는…… 스물일곱보다는 나이 들었고 마흔보다는 조금 젊었다.

세상에 어떤 책도 그런 식으로
내 것이 될 수는 없는데. 그때는 그랬다.
눈에 보이고 만질 수 있어서 언제든지 손을 뻗으면
그 안으로 초대해줄 것 같은 책의 물성이 내겐 중요했다.

보리수 이파리가
떨어진 자리

크리스토프 화인 《낯선 연인》 1991년 출간
청주도서관 2009년 9월 대출

2009년 9월의 어느 날, 나는 정독도서관 1층 어문학실 독일문학 코너에서 《낯선 연인》을 발견했다. 퀴퀴한 도서관 한구석에서 어쩌다가 이 책을 꺼내 들었는지는 모르겠다. 내가 서 있던 곳이 왜 독일문학 코너였는지도. 독서도 어딘가로 향하는 길처럼 웬만해선 다 연결이 된다. 좋아하는 작가가 어디선가 언급한 책이라든가, 읽다 보니 그 작가의 다른 책도 궁금해졌다거나 하는. 그런데 이번 책은 정말 난데없었다. 기억의 회로 어디에도 이 책과 연결할 만한 선이 존재하지 않았다.

1944년 독일에서 태어난 크리스토프 하인은 학교에 다니던 중 1961년 베를린 장벽이 건설되면서 학교를 그만두게 된다. 공장 노동자, 서점 직원, 식당 종업원, 언론인, 조연배우, 연출보조 등으로 일했던 그가 저작에만 전념한 해는 1979년. 그의 나이 서른다섯이었고 내가 태어난 해이기도 하다. 《낯선 연인》은 그로부터 삼 년 뒤인 1982년에 동독에서 출간되었고, 우리나라에 초판본이 발간된 때는 그로부터 십 년 뒤인 1991년이었다.

1992년 4월 24일자 장서인이 찍힌 정독도서관 소장 도서 《낯선 연인》을 내가 대출한 날은 그로부터 십

칠 년 뒤였다. 그러니까 이 책이 작가의 손을 거쳐 내게 오기까지는 모두 이십칠 년의 세월이 걸린 셈이다. 한 사람이 태어나 완연한 어른으로 장성할 수 있는 긴 시간이다. 그동안 여러 나라를 거치며 많은 사람이 읽었겠지만, 그중에 한 사람이 바로 나. 마치 거꾸로 이 책이 나를 만나기 위해 긴 세월을 기다려온 것처럼 느껴진다. 1944년생 독일 작가가 1979년생 대한민국 독자에게 들려주는 이야기처럼.

2009년 9월에도 책은 이미 낡아 있었다. 전체적으로 노랗게 변색되어 있었고 책장을 넘기면 오래된 종이 냄새가 났다. 그래도 그땐 모두가 볼 수 있는 도서관 서가에라도 꽂혀 있었다. 오랜만에 정독도서관 홈페이지에 들어가 책의 위치를 확인해보니 이제는 '현직'에서 물러난 상태였고, 사서에게 직접 문의를 하면 사서가 어딘가로 가서 (마치 기다랗고 오래돼 보이는 열쇠를 들고 지하 계단으로 내려가 장갑을 낀 손으로 먼지를 훅훅 떨어내며 조심스럽게 꺼내) 가지고 와야만 볼 수 있는 희귀본이 되었다. 희귀본이기 때문에 그런 대우를 받는 건지, 아니면 단지 새 책들에게 자리를 내어주기 위해 오래된 책이 물러난 건지는 알 수 없지만.

2009년 당시에도 나는 이 책을 구입하기 위해 이곳저곳을 알아보았다. 구할 수 없었다. 품절, 절판 도서가 재입고 되면 울리는 온라인 서점의 알람을 오래도록 기다려보았지만 묵묵부답이었다. 오래된 중고서점에서 이 책을 구했다는 누군가의 글을 보며 부러워만 했다.

 이미 도서관에서 빌려 읽은 책을 나는 왜 그리도 갖고 싶었을까. 두고두고 곁에 두고 싶었을까. 그런다고 해서 내 것이 되는 것도 아닐 텐데. 세상에 어떤 책도 그런 식으로 내 것이 될 수는 없는데. 그때는 그랬다. 눈에 보이고 만질 수 있어서 언제든지 손을 뻗으면 그 안으로 초대해줄 것 같은 책의 물성이 내겐 중요했다. 그때로부터 구 년이 지났다. 지금 이 글을 쓰면서 내가 만난 책 중에 가장 오래, 가장 깊숙하게 남은 책이 무엇일까 기억을 더듬다가, 아니 더듬기도 전에, 불 꺼진 방 한가운데서 단번에 잡을 수 있는 한 권의 책이 보였다.

 정독도서관 홈페이지에 로그인하니 지난 대출 이력이 그대로 남아 있었다. 하루가 멀다 하고 책과 영화 DVD를 빌리고 반납했던 그 시간이 떠올랐다. 대출 기록은 개인 정보이기 때문에 도서관 사서라도 이용자의 기록을 함부로 열람할 수 없다. 정말 그럴 만도 했다. 꼭 내 성장 과정을 보는 듯했다. 부끄럽기도 했고 안쓰럽기도 했다.

당시에 나는 정독도서관에서 책만 빌려 읽은 것이 아니었다. 그곳은 대학 졸업 후 한동안 내 작업실이자 놀이터였다. 종로, 시청, 을지로, 동대문, 대학로를 발길 닿는 대로 걷다가도 다리가 아프거나 배가 고프면 꼭 들르는 휴게소였다. 어떤 날에는 온종일 글을 쓰기도 했고 어떤 날에는 해가 질 때까지 책만 읽었다. 도서관에서 진행하는 소설쓰기강좌를 무료로 듣기도 했고, 그곳이 내 집이나 직장인 양 퇴근 시간에 맞춰 친구를 불러 만나기도 했다. 대출 반납대 건너편에 앉아 있는 사서들을 보며 나도 도서관 사서가 되면 어떨까 생각해보기도 했고, 매일 아침 도서관으로 출근하는 주인공의 이야기를 쓰기도 했다. 도서관 식당에서 점심을 먹고 양치질을 하던 중에 대학 동창의 부음을 듣고 곧바로 장례식장에 간 적도 있었다. 신춘문예에 내기 위해 쓴 글을 디지털자료실에서 출력했고, 당선한 이들의 작품을 연속간행물실에서 읽어보았다. 나는 정독도서관 앞뜰의 사계절 풍경을 모두 알고 있다.

사서가 된 해에 정독도서관을 찾은 적이 있다. 사서가 되어 처음으로 참석해보는 외부 교육이 그곳에서 진행됐다. 다른 도서관에서 온 사서들과 함께 자기소개를 하는 자리에서 나는 얼마 전까지 이곳의 이용자였는데 이렇게 사서가 되어 앉아 있다니 참으로 감회가 새롭다는 말을 쓸데없이 길게 얘기했다. 뭉클해지는 순간이었는데 크게 공감해주는 이는 없었다. 난 보통 이용자가 아니라 정말 최최최우수 이용자였는데, 하는 생각은 그냥 마음속에만 넣어 두었다.

현재 정독도서관은 방문이 어려운 이용자들을 위해 택배 대출 서비스를 하고 있다. 택배비를 지불하면 원하는 책을 집으로 배송해주는 것이다. 물론 방문해서 대출할 수도 있었지만 나는 책이 어떤 식으로 오는지 궁금하기도 해서 택배 서비스를 신청해보았다. 정말 올까? 왔다. 내가 집을 비운 사이 택배 기사님은 책만 두고 갔다. 택배비는 착불로 내라고 했는데, 반납할 때 내야 하나 어쩌나, 그러면서 포장을 뜯었다. 그 안에 《낯선 연인》이 있었다.

기분이 묘했다. 오랜 시공간을 지나 주인에게 되돌아온 한 권의 책. 거의 유물이 되다시피 한 책의 주인이 된 느낌은 참 이상했다. 사실이 아니기도 했지만,

사실이기도 했다. 구 년 전에 내 손을 탄 책도 바로 이 책이었으니까.

책은 관리가 아주 잘 되어 있었다. 찢겨 나간 곳도, 물에 젖어 울거나 얼룩진 곳도 없이 매끈했다. 구 년 전에 내가 만난 책이 분명하다는 사실은 책 뒷면에 붙여놓은 대출카드를 보면 알 수 있었다. 대출카드가 있어야 할 자리에 빈 봉투만 붙어 있었다. 그 대출카드는 당시에 내가 반납하기 직전에 몰래 가로챘기 때문이다. 그래도 될 것만 같았는데, 그때도 이미 책 뒷면의 대출카드에는 아무도 신경 쓰지 않았다. 나는 똑같은 책을 구할 수 없으니 내 이름이 적힌, 책의 일부이기도 하고 아니기도 한 대출카드라도 간직하고 싶었다.

표지를 넘기자 오래전 내가 손을 쓸어가며 읽었던 문장들이 나를 조용히 기다리고 있었다. 그래, 맞아, 바로 이거였어, 하는 생각이 들었다. 이따금 명사형으로 끝나는 문장, 그리고 자주 쉼표로 끝나는 문장을 이 책을 통해 처음 만났다. 문장을 쉼표로 끝내다니. 어떻게 읽으라는 거지? 그러나 당황할 새도 없이 나는 그 문장에 빠져들었다. 문장의 끝을 쉼표로 마무리한 것은, 아니 마무리하지 않은 것은 모두 그럴 만한 이유가 있었고 나는 푹 빠진 채 끝날 듯 끝나지 않는 문장들을 맹렬히 읽어나갔다.

 문장은 호흡이다. 문장을 쓰고 나서 몇 번씩 다시 읽어보는 건 호흡을 재어보기 위해서다. 쓰는 사람이 아니라 읽는 사람이 되어 몇 번이고 호흡을 확인해본다. 눈으로 읽는 것만으로는 어려우니 퇴고하는 순간만큼은 연극배우가 되어 소리 내어 읽어보기도 한다. 내가 쓴 글이지만 나는 읽는 사람이 되어 호흡이 끊어지는 곳, 새로운 호흡이 필요한 곳이 어디인지 확인해야 한다. 거기에 맞추어 문장을 끊거나 시작할 줄 알아야 하는데, 좋은 문장이란 결국 쓰는 사람과 읽는 사람의 호흡이 일치하는 문장이라고 생각하기 때문이다.

 물론 완벽한 일치는 기대하기 힘들다. 세상은 넓고 사람은 많다. 그들 각자의 언어와 억양과 속도와 독서 습관이 다르고 속한 사회와 정서가 다르며 가장 중요한 그 날의 기분이 다른데, 많은 경우의 수 중에 나와 일치하는 호흡으로 내 글을 읽어줄 독자를 만날 확률이라면…… 꿈에서나 가능할까.

 반대로 나와 호흡이 일치하는 문장을 만나기도 쉽지 않다. 사전 정보가 없는 가운데 책을 골라야 할 때 그 책의 첫 줄만 읽어보거나 초반 두세 문단만으로 계속 읽을지 말지를 결정하는 게 보통이기 때문에 확률은 더욱 희박해진다. 거기에 나의 언어, 억양, 속도, 강세, 독서 습관, 사회, 정서, 기분을 모두 고려해서 마지막 페이지까지 나를 끌고 갈 수 있는 책, 내가 기꺼이 끌려갈 수 있는 책을 만나기란…… 적어도 꿈은 아니었다. 이렇게 만났으니 말이다.

아주 긴 시 같기도 하고, 어지러운 콜라주로 뒤덮인 하나의 그림 같기도 한 이 책은 분명한 서사를 가지고 있다. 베를린의 한 독신자 아파트에서 고독한 삶을 살고 있는 마흔 살의 클라우디아는 어느 날 같은 아파트에 이사 온 헨리를 만나게 된다. 첫 만남부터 클라우디아의 방에 찾아온 헨리는 식사를 얻어먹고는 혼자 이상한 소리를 늘어놓더니 그녀의 침대 속까지 들어온다. 매번 그런 식의 관계가 이어지지만 둘의 사이가 깊어지거나 연인으로 발전하지는 않는다. 그저 각자의 삶을 살아갈 뿐이다.

삶을 살아가는 둘의 방식은 조금 다르다. 클라우디아의 집에서 처음으로 식사를 마친 헨리가 하는 말들은 그가 어떤 사람인지를 분명하게 알려준다. 헨리는 발코니에 서 있는 것조차 두렵다고 한다. 갑자기 하늘로 날아가 버리거나 땅으로 떨어져버릴까 봐. 그럼에도 불구하고 자신은 무슨 일이 일어나길 바라고 있다고 했다. 이 세상을 살고 있다는 것을 증명할 만한 단 하나의 핵심을 기다리고 있다고. 반면 클라우디아는 아무것도 기다리지 않는다. 세상으로부터 기대하는 게 아무것도 없다.

소설 프롤로그에는 클라우디아의 독백 가운데 '용의 피'라는 단어가 나오는데 책 뒷부분에 실린 옮긴이의 설명에 따르면 독일의 대서사시 〈니벨룽겐의 노래〉에서 유래한 말이라고 한다. 지크프리트 왕자는 니벨룽겐을 정복한 뒤 보물을 지키던 용을 물리치면서 온몸에 용의 피를 뒤집어쓰고 불사신의 영웅이 된다. 하지만 단 한 곳, 자신의 등에 보리수 이파리 하나가 떨어져 거기에만 용의 피가 묻지 않았고, 훗날 그곳에 칼을 맞아 죽게 된다는 이야기이다.

나는 궁금한 마음에 〈니벨룽겐의 노래〉도 찾아보았다. 지크프리트가 어쩌다가 용의 피를 뒤집어쓰고 불사신이 되었는지, 왜 피가 묻어 있지 않은 곳에 칼을 맞아 죽게 되었는지는 어렵지 않게 알아낼 수 있었다. 불완전한 인간의 감정 때문이었다. 사랑과 시기와 질투와 욕심 같은. 20세기의 클라우디아는 용의 피 대신 냉소와 무관심과 거리 두기로 자신의 온몸을 칠갑

한다. (심지어 그녀는 의사인데도 자신은 그저 환자의 상태를 살피고 처방만 할 뿐 환자를 낫게 해주는 건 약과 의술뿐이라고 구분 짓는다.) 어떤 것도 완벽한 보호막을 뚫고 들어와 자기에게 상처를 입히지 않을 거라고 자신한다.

그리고 마침내 헨리가 뜻하지 않는 죽음을 맞이했을 때조차도 클라우디아는 놀라우리만치 건조하고 무덤덤하다. 1인칭 시점이었는데도 클라우디아의 감정이 전혀 드러나지 않았다. 2009년도에도 나는 이 장면을 읽고 크게 충격을 받았던 기억이 난다. 클라우디아보다 생기발랄하고 언제나 생의 의미 한가운데로 돌진하려던 헨리가 너무나 뜻밖의 상황에서 어이없이 죽어버리고 말았다. 심장보다 더 깊숙한 곳에서 쿵, 하는 소리가 들리는 것 같았다. 사람이 이렇게도 죽을 수 있겠구나. 그렇지, 이렇게 맞이하는 죽음이 어쩌면 가장 현실적인지도 모르지. 어쩌면 클라우디아는 그런 현실을 누구보다 빨리 받아들인 것뿐이고.

소설의 1장은 클라우디아가 헨리의 장례식장에 가기 위해 옷을 고르는 장면으로 시작된다. 그러니까 헨리의 죽음은 이미 예고되어 있던 것이다. 2장부터는 헨리를 처음 만난 일 년 전으로 돌아가 회상이 시작된다. 클라우디아의 무채색 같은 독백이 줄곧 이어지지만 그 가운데서도 헨리에게서만큼은 통통 튀는 생동감이 느껴졌다. 아무리 무감한 사람의 눈에도 헨리는 다르고 특별하게 비쳤다. 그랬었는데……. 아무 일이 없었던 것처럼, 헨리라는 사람을 알았던 적도 없는 것처럼 다시 혼자가 되어 일상을 살아가는 클라우디아의 모습을 보여주며 《낯선 연인》은 끝이 난다. 하지만 내겐 어쩐지 그녀의 독백들이 이전보다 수만 배는 더 쓸쓸해 보였다. 주변 사람들뿐만 아니라 자기 자신에게조차 아무렇지 않아 보이도록 연기를 하고 있는 것만 같았다.

2018년에 다시 《낯선 연인》을 펼쳐 들면서 잊었던 기억이 하나 떠올랐다. 당시에 내가 이 책을 읽고 소설을 썼던 것! 제목은 〈보리수 이파리가 떨어진 자리〉였다. 용의 피를 뒤집어써서 불사가 된 몸이 아니라 보리수 이파리 하나 때문에 유일한 약점이 되어버린 자리에 마음이 갔던 모양이다. 소설 내용은 잘 기억나지 않는다. 까맣게 잊어버렸는데 제목만 선명하게 남아 있다.

기억나는 것이 또 있다. 나는 이 소설을 당시 같이

일하던 동료에게 보여주었다. 읽고 나서도 별다른 반응이 없는 동료에게 이 제목을 짓게 된 계기, 용의 피가 어쩌구, 니벨룽겐의 노래 어쩌구 하는 식의 설명을 했다. 그제야 아, 하면서 고개를 끄덕이던 동료의 모습이 어렴풋이 생각난다. 그렇게 설명이 필요한 글이라면 애초에 잘 못 쓴 것이었을 텐데, 라는 생각이 지금 와서 든다. 따로 설명할 필요 없이 글 속에 자연스럽게 녹였어야 했는데, 하는 아쉬움.

이 글을 쓰면서 혹시나 그때의 기록이 남아 있을까 싶어 2009년도 일기를 뒤져보았다. 지금은 사용하지 않는 오래된 블로그에 2009년도부터 2012년도까지 적어놓은 짧은 일기들이 비공개인 상태로 남아 있었다. 참, 많이도 끼적이며 살았군. 변덕만 부릴 줄 알았는데 무언가를 쓰고, 저장하고, 삭제하지 않은 채 남겨두는 쪽으로는 아주 일관되게 성실했군.

피식 웃음이 나왔다. 돌이켜보면 그때처럼 대책 없던 시기도 없었다. 서른이 넘도록 이렇다 할 사회 활동도 하지 않고 안정된 일자리도 잡지 못하고 있었으니 가족과의 불화도 당연했다. 일기에는 아버지와 다툰 날이 생생하게 기록되어 있었다.

일하는 문제로 아버지와 다투다가 끝내 눈물을 보이니까 아버지가 묻는다.
"대체 네가 쓰고 있는 게 뭔데?" 소심하게 "소설……."
그러자 아버지가 버럭 하면서 "소설? 소설?…… 소설을 쓰려면…… 그걸 쓰려면…… (점점 목소리가 작아지면서) 어휴…… 여행을 많이 다녀야 하는데……."
- 2009년 11월 25일 일기 중에서

    그날의 일기를 보니 어제 일처럼 생각났다. 그랬었지. 화가 나면 소리부터 지르던 우리 아버지는 가끔 반전이 있는 멋진 분이었지. 하루는 아버지가 나를 부르더니 책 만들려면 돈이 얼마나 필요하냐고 물으셨다. 돈은 필요 없다고, 신춘문예나 공모전에 붙으면 상금도 받고 책도 나오고 작가가 되는 거라고 대답했다.
    그때만 해도 독립출판은 상상도 하지 못했다. 독립출판마켓 '언리미티드 에디션'이 2009년부터 개최되었으니 당시에도 이미 독립출판을 시작한 사람들이 있었다. 나도 그때 시작했다면 어땠을까? 조금 덜 외롭지 않았을까? 먼 길로 돌아가는 일도 없지 않았을까? 하지만 그때 혼자 썼던 글들을 모으고, 다시 수정하고 편집도 해서 책을 만들고 있는 요즘 드는 생각은, 그 시간이 결코 헛되지 않았다는 것이다. 블로그에 비공개로 혼자 글을 쓰던 나날들이 인생의 암흑기라고 생각했는데, 돌아보니 황금기였다.

나는 지금 《낯선 연인》의 클라우디아와 똑같은 마흔이 되었다. 구 년 전에 소설을 통해 미리 엿본 타인의 마흔과 지금의 나는 다행스럽게도 조금 다르다. 내가 살고 있는 마흔은 메마르거나 딱딱하지 않다. 나는 세상을 조금 더 재밌게 사는 방법을 알게 되었고, 그렇게 살고 있다. 사람들 앞에서 나를 감추는 일도 더 이상 하지 않는다. 가능하면 내가 어떤 사람인지 있는 그대로 표현하고 싶은 마음이다. 이건 정말 뜻밖의 변화다. 책을 한두 권씩 만들면서 조금씩 솔직해져가고 있다.

내가 만약 지금도 도서관에서 계속 일하고 있다면, 조직 안에서, 해야만 하는 업무 속에서, 만나야 하는 사람들 사이에서 하루의 긴 시간을 보내고 있다면 입장은 또 달랐을 것이다. 그런 상황이라면 클라우디아처럼 말하고 행동하는 것이 오히려 현명한 대처일 수도 있다. 그녀에겐 언제나 별일이 없었고 한때 가장 가까웠던 사람을 더 이상 볼 수가 없어졌는데도 겉으론 안녕하다. 공과 사를 구별하는 지혜와 순발력, 어떠한 위기 상황에도 끄덕 않고 평정을 지키는 튼튼한 멘탈이야말로 이 시대가 요구하는 커리어 아니겠는가. 하지만 마흔의 나는 그런 삶을 선택하지 않는 것을 선택했다. 더 늦어지면 선택권조차 주어지지 않을 것 같아 서둘렀다.

《낯선 연인》을 다시 읽으면서 나는 전에 가져보지 못했던 생각을 하고 있다. 어쩐지 지금의 나는 헨리와 더 가까울지도 모르겠다는 것이다. 비슷하다는 말이기도 하고 그렇게 되고 싶다는 뜻이기도 하다. 헨리가 클리우디아와 나누었던 많은 대화가 인상적이었지만 특히 기억에 남는 부분이 있다. 죽는 것은 조금도 겁나지 않는다는 말. 그보다 고약한 건 그냥 사는 것, 진정으로 살지 않는 것. 이 말이 헨리를 영원히 살게 한다. 그의 안타까운 죽음조차도 이 생전의 말 때문에 결코 헛되지 않게 느껴진다. 매 순간 후회 없이 진정으로 살아온 사람일 테니. 그리고 나도 진정으로 살고 싶다. 진정으로 사는 것이 어떤 삶인지 잘은 모르겠지만, 일단 글을 쓰며 살겠다고 작정한 이상 그렇게 살 수밖에. 후회 없이 쓰기 위해 오늘도 노트북 앞에 앉는다.

우울의 얼굴. 나는 이것을 마주하고 싶지 않았다.
오랜 시간 혼자 있으려면 그런 얼굴과 반드시 마주할
각오를 해야 하는데 아무리 각오의 각오를,
다짐의 다짐을 거듭해도 매번 무섭다.

먼저 네 자신을 확신시킬 것

배수아 《독학자》 2004년 출간
2012년 6월 중고 구입

생리통을 참느라 침대에 누웠다가 잠이 들었다. 꿈속에서 나는 한 번도 가본 적 없는 곳에 있었는데 주변 사람들은 모두 아는 얼굴이었다. 누군가에게서 전화가 왔다. 내게 무언가를 알려달라는 내용이었고 나는 마땅찮은 기분이었지만 알려주었다. 나와 통화한 이는 그리 가까운 사이로 보이지 않았다. 한때는 가까웠으나.

잠시 뒤 나는 또 다른 누군가의 전화를 받고 무언가를 알려주었다. 역시 께름칙한 통화였다. 그들은 나의 동료였거나 친구였다. 자신들에게 도움이 될 만한 뭔가를 내게서 가져갔는데 마치 빌려주었던 돈을 도로 챙겨가는 태도였다. 썩 좋지 않은 기분이었는데도 내가 그들에게 무언가를 알려주려 했던 이유라면, 그렇게라도 해서 그들에게 쓸모 있는 사람이 되고 싶었던 것 같다. 그렇게 내가 이 세상에 쓸모 있는 인간이 된다면.

고개를 돌리니 어느 익숙한 서점이 보였다. 동네 서점이었고 안에 사람들이 많았다. 무슨 마켓을 준비하는 건지, 아니면 작가 행사 같은 것인지, 다들 무언가를 펼쳐놓고 정신없이 이야기하는 중이었다. 내가 아는 책방 사장님의 목소리도 들렸다. 나는 건너편 벽에 기댔다. 저쪽에서 나를 알아보지 못하도록 몸을 숨기기 위해서였다. 서둘러 집에 돌아와, 거실도 서가도 없는 작은 방에 덩그러니 놓인 침대 위에 몸을 웅크리고 누웠다. 그대로 어둡고 외딴곳으로 멀리 떨어져나가는 기분이었다. 그 상태에서 눈을 떴다.

도서관에 출근하지 않은 지 보름이 지났다. 이제야 슬슬 나타나는 걸까. 내가 도서관을 그만두고 싶어도 그만두지 못했던 여러 가지 이유 중 하나가 바로 이거였다. 우울의 얼굴. 나는 이것을 마주하고 싶지 않았다. 오랜 시간 혼자 있으려면 그런 얼굴과 반드시 마주할 각오를 해야 하는데 아무리 각오의 각오를, 다짐의 다짐을 거듭해도 매번 무섭다. 그런 시간을 꽤 오래 살았기 때문이다.

일을 그만두기 전에는 과연 함께 있을 때의 고단함과 혼자 있을 때의 우울함이 등가 교환 가능한지 수없이 생각해보았다. 세상 누구도 둘 중 하나만 선택하라고 강요하지 않았는데 아무도 없는 밤마다 혼자 쭈그리고 앉아 동전 던지기를 하고 있었다. 마치 절체절명의 선택인 것처럼.

이제는 삶의 다른 한쪽이 내 앞에 펼쳐졌다. 나는 그대로인데 배경이 바뀌었다. 내가 만나는 사람들이 바뀌었고 내가 해야 할 일들이 바뀌었다. 하루 대부분을 거실 책장에 꽂힌 책등을 순서대로 보거나 역순으로 보거나 시선은 두되 보지는 않는 상태로 시간을 보내며 글을 쓰고 있다. 구름이 어디에서 오고 어디로 가는지, 하늘빛이 언제 흐려졌다가 언제쯤 다시 진하게 물드는지를 쓸데없이 가늠하며, 언제 다시 올지 모르는 우울의 얼굴을 가능한 한 멀리, 저 멀리 내보내기 위해 또 글을 쓴다.

《독학자》는 2012년 여름, 전주 여행을 갔을 때 한 중고서점에서 운 좋게 발견한 책이다. 누군가 이 책을 깨끗하게 읽고 어떠한 사정으로 전주의 중고서점에 되팔 수밖에 없던 것을 서울에서 온 내가 발견해서 샀다. 이 얼마나 대단한 일인가! 상호대차는 도서관에서만 하는 서비스가 아니라 이렇듯 책과 사람이 있는 곳이라면 어디서든 가능한 일이다.

사실 나는 이 책을 전에 들른 전주의 한 카페에서 먼저 발견했다. 벽면을 마주 보도록 놓인 테이블 위에 주인이 모은 책 몇 권이 꽂혀 있었고 그중에 이 책이 있었다. 여행을 갈 땐 읽을 책 한 권은 꼭 챙겨 가는데 그땐 빈손으로 간 거였는지, 아니면 들고 간 책이 마음에 들지 않았는지 눈앞에 나타난 의외의 책이 반가웠다. 차를 마시며 한가한 손으로 책장을 넘겨보았고, 문장을 읽어나갔다. 서너 페이지 읽었을 즈음 나는 서둘러 근처 서점을 검색하기 시작했다.

이전까지 나는 배수아 작가의 책을 한 번도 읽어본 적이 없었다. 서점에서, 도서관에서, 그 밖의 여러 장소에서 내 앞에 얼굴을 내밀고 자신을 읽어보라고 자극할 때도 있었으나 그땐 내가 준비되어 있지 않았다. 내가 과연 '배수아'라는 낯설고 불편한 세계로 진입할 수 있을까 하는 두려움이 앞섰다. 하지만 그날 카페에서 문장을 읽어 내려가는 동안에 그런 것들이 하나도 생각나지 않았다.

2012년에는 동네 카페에서 아르바이트하고 있을 때였다. 사서가 되어야겠다고 사서교육원에 등록한 것이 2012년 12월이었으니 어떤 직업을 가져야겠다는 결심도 없이 아르바이트만 전전했던, 서른이 훌쩍 넘은 몽상가였다. 손님이 오면 주문을 받고 커피를 만들었지만 대기하는 동안에는 각종 식료품과 포장 용기가 가득 찬 비좁은 바 안쪽 공간에서 책을 읽거나 신춘문예에 응모할 소설을 끄적거렸다. 살면서 그때 가장 많은 책을 읽었고 좋은 책을 많이 만났다. 읽는 족

족 인상적인 문장을 어딘가에 옮겨 적었고 짧든 길든 내 생각을 글로 남겼다. 책과 글로 할 수 있는 유일한 놀이이자, 내가 세상에서 유일하게 할 수 있는 '쓸모 있는 일'이라고 생각했다. 그 무렵 이 책을 만났으니 사람과 책이 만나는 데에 이보다 더 좋은 타이밍은 없겠지.

《독학자》는 작가가 독일에 체류하며 독일어를 배우는 동안 쓴 소설이다. 이 책을 육 년 만에 다시 읽으면서 알게 된 사실이다.

공무원 겸 작가였던 배수아는 2001년 전업 작가가 되기 위해 직장을 그만두고 베를린으로 떠난다. 그곳으로 결정한 이유는 당시에 대도시임에도 불구하고 유럽에서 가장 방세가 쌌기 때문이라고 한다. (지금은 그렇지 않다고 하지만.) 오래 있다 보니 자연스럽게 독일어를 배우고 싶다는 생각이 들었고 어느 날 베를린의 한 서점을 찾았다. 직원에게 독일어 공부를 하고 싶은데 교재가 아닌 문학으로 공부하고 싶으니 적당한 책을 추천해줄 수 있겠냐고 물었고, 그때 서점 직원이 추천해준 책이 그녀의 첫 번째 번역서인 야콥 하인의 《나의 첫 번째 티셔츠》(2004, 샘터사, 절판)였다고 한다. (야콥 하인은 《낯선 연인》을 쓴 크리스토프 하인의 아들이다.)

    배수아는 단지 소설로서의 《독학자》만 쓴 것이 아니라 스스로도 그런 삶을 살았다. 독일어를 전혀 몰랐던 한 소설가가 독일어 번역가가 되어 나타나다니. 만약 당시에 유럽에서 가장 방세가 싼 도시가 베를린이 아닌 다른 곳이었다면 배수아의 역사도, 나와 당신의 역사도 조금 달라지지 않았을까.

    배수아 작가의 베를린 체류기는 언젠가 팟캐스트에서 들은 적이 있다. 창비 라디오 책다방 시즌 1에 게스트로 작가가 나왔고 황정은 작가와 김두식 변호사가 함께 진행했다. 뭐 이런 것까지 말하나 싶지만 당시엔 이 두 사람이 친구나 다름없었다. 친한 친구들의 목소리보다도 더 많이, 더 오래 들었으니까. 나는 모든 방송을 빼놓지 않고 들었고 어떤 회차는 내용을 거의 외울 정도로 들었다. 배수아 작가가 나온 회차 역시 몇 번씩 들어서 내용을 대부분 기억하고 있지만, 다시 들어보기로 했다. 무엇보다 배수아 작가의 목소리가 듣고 싶어졌다.

    찾아보니 배수아 작가 편이 업로드된 날은 2013년 7월이었다. 장편소설 《알려지지 않은 밤과 하루》(2013년

4월 출간)와 번역서 《눈먼 부엉이》(2013년 5월 출간)가 그 무렵에 출간됐다. 자연스럽게 두 작품에 대한 이야기와 독일어 번역을 하게 된 계기 등을 들을 수 있었다.

다시 들어도 배수아 작가의 목소리와 화법은 여전히 독특했다. 그녀는 상반된 이미지를 동시에 가졌다. 순수한 어린아이 같기도 했고, 그러면서도 무엇이든 다 꿰뚫어 보는 점성술사 같기도 했다. 마녀가 내미는 것인 줄도 모르고 사과를 덥석 깨무는 순진한 공주 같기도 했고, 그 사과에 독을 바르는 마녀 같기도 했다.

당시에 사데크 헤다야트의 《눈먼 부엉이》는 동시에 두 출판사에서 각기 다른 번역가가 참여해 화제가 되기도 했었다. (다른 출판사에서는 《눈먼 올빼미》로 출간되었다.) 배수아 작가는 독일의 한 서점에서 《눈먼 부엉이》를 발견한 뒤 이 마법 같고 황홀한 이야기를 어떻게든 한국에 소개하고 싶었다고 털어놓았다. 배수아에게 번역이란 직업이나 돈벌이가 아니라 자신이 좋아하는 것을 다른 누군가에게 빨리 알려주고 싶은 마음, 그 이상도 이하도 아니었다. 한국의 출판사에 제안을 했으나 출간 일정이 불투명한 상태에서 배수아 작가는 자신이 쓰고 있던 장편소설 《알려지지 않은 밤과 하루》에 《눈먼 부엉이》의 줄거리 일부를 삽입하는 방식으로 책을 소개했다. 자신이 가진 최고의 무기로 기회를 만드는 작가의 모습에 반하지 않을 수가 없었다.

생각난 김에 《알려지지 않은 밤과 하루》를 다시 펼쳐보는데 유일하게 밑줄이 그어진 부분이 있었다.

"그렇게 중요한 요소인가요……? 타인을 설득한다는 것이?"•

2013년에 그은 밑줄은 2018년의 내게도 여전히 유효하다. 언제나 타인의 눈을 신경 써왔던 나 자신에게 건네는 질문이기도 하고, 이제는 조금씩 그런 강박으로부터 멀어지고 있는 내가 또 다른 누군가에게 건네는 질문이기도 하다.

그런 건 하나도 중요하지 않아요. 타인이 누구인가요? 나조차 때로는 스스로를 설득할 수 없는데……. 나에게 주는 확신이 더 중요해요. 나를 버틸 수 있게 해주는 건 스스로에 대한 믿음뿐이니까.

• 배수아, 《알려지지 않은 밤과 하루》, 자음과모음, 2013, p.61

빼놓을 수 없는 이야기가 하나 더 있다. 배수아 작가가 나왔던 팟캐스트에서 김두식 변호사가 상당히 애매하고 난처한 말투로 말했다. '사실 이걸 읽고 뭘 말하려고 하는지 잘 모르겠다. 나는 내러티브를 따라가는 독서에 익숙하다. 만약 사랑하는 사람에게 이 책을 설명하고 싶을 때 적당한 말을 찾지 못할 것 같다.' 이때 배수아 작가의 대답이 나의 마음을 움직였다. '내가 읽은 좋은 책에 대해 사랑하는 사람에게 전달하고 싶다면 나는 그 책의 첫 번째 문장을 읽어준다거나 가장 인상적인 장면을 이야기해줄 것 같다. 만약 그 작품이 상대를 건드릴 작품이라면 건드릴 수 있을 것이며, 그렇지 못할 작품이라면 온갖 설명을 다 해도 건드릴 수 없을 것이다.'

이건 마치 '그렇게 중요한 요소인가요? 타인을 설득한다는 것이?' 같은 말투였다. 하나도 중요하지 않다. 책과 사람이 만난다는 건, 사람과 사람이 만나 사랑에 빠지는 것처럼 누구도 곁에서 간섭할 수 없는 문제니까. 그 사람을 건드릴 수 있는 책이라면 그 사람이 지나칠 만한 곳에 슬쩍 올려놓기만 해도 연이 닿을 것이다. 어쩌면 이런 글쓰기는 다른 누군가에게 이 책을 읽어보라고 설득하는 데에 전혀 도움이 되지 않을

지도 모른다. 하지만 당신도 인생의 동반자가 될 만한 책 몇 권쯤 가져보는 게 어떻겠냐고, 타인을 설득하기 위해서가 아니라 바로 나 자신을 확신시키기 위해서 한번 해봄직한 일이지 않겠느냐고는 말할 수 있지 않을까.

무엇보다 내가 쓴 글을 통해
어떤 사람인지 먼저 알려주고 싶었다.
가장 확실하게 나라는 사람을
알릴 수 있는 방법이라고 생각했다.

나의 생을 진정으로
아끼고 사랑하는 방식

에마뉘엘 보브 《내 친구》 2007년 출간
2007년 2월 구입

거실 서가에서 책 한 권을 찾았다. 나는 이 책을 언제나 찾기 쉬운 곳, 눈에 잘 띄는 곳에 놓아둔다. 이 책은 《내 친구》이기 때문이다.

내게 소중한 책들에 대한 글을 쓰리라 마음먹으면서 나는 줄곧 이 책을 생각하고 있었다. 어렵지 않은 선택이었다. 내게 이보다 더 소중한 책이 있을까. 나는 《내 친구》가 막 출간됐을 즈음에 책을 샀다. 중고서점에서 어렵게 구하거나 도서관에서 빌려 읽을 필요가 없었다. 이 책은 세상에 나왔을 때부터 내 손에 있었고 나를 떠나지 않았다.

지금 《내 친구》는 절판이다. 어디서도 이 책을 재출간할 계획 같은 건 없어 보인다. 이 책이 부족하거나 모자라서가 아니다. 조금 덜 알려졌을 뿐이고, 소수의 사람이 사랑했기 때문이다. 나는 《내 친구》를 사랑한 얼마 되지 않는 사람이었고 나머지 사람들이 지금 어디 있는지 몹시 궁금하다. 어쩌면 이 글은 그 사람들을 조용히 불러보는 일이 될지도 모르겠다.

내가 이 책의 존재를 알기도 전, 책이 참 좋다는 말을 해준 사람이 있었다. 2007년 2월, 《내 친구》가 신간으로 나왔을 때였다. 우리는 같은 온라인 서점에서 아르바이트를 하고 있었다. 나는 인문, 사회, 예술, 종교 담당이었고 그녀는 문학 담당이었다. 우리는 신간을 가장 먼저 만져볼 수 있다는 기쁨으로 일했다. 그게 그 안에서 얻을 수 있는 거의 유일한 기쁨이었다. 어느 날 그녀가 내게 좋은 책을 발견했다고 말해주었다. 어느 페이지를 펼쳐 보아도 좋은 책이라고 덧붙였다. 다른 말은 없었다. 줄거리를 설명해준다거나 작가가 누구라거나 하는. 그녀는 원래 말이 별로 없기도 했다. 다만 좋은 것을 보면 정말 좋아하는 눈빛을 지을 줄 아는 사람이었다. 꼭 어린아이처럼. 나는 뭘 더 묻거나 알아보지 않고 바로 그 책을 샀다. 그게 시작이었다.

십일 년이 지나도록 그 책은 소중한 동반자가 되어주었다. 그러니까 《내 친구》 말이다.

2007년에 내가 일했던 온라인 서점 사이트에 들어가 보았다. '내 친구'라는 검색어로는 도무지 찾을 수가 없어 작가 이름으로 검색해보았다. 에마뉘엘 보브. 그의 이름으로 국내에 번역된 책은 단 한 권이었다. 절판. 판매 중인 서점 0곳. 이미 알고 있었으면서도 저 말은 이 책을 더욱 쓸쓸하게 만들었다.

'세상에서 가장 쓸쓸한 사나이'라는 부제가 달린 《내 친구》는 이제 더 이상 서점에서 구할 수 없다. 근

십 년 사이에 새로 생긴 도서관에서도 찾아보긴 힘들 것이다.

문득 이런 생각이 들었다. 이 서점이 남아서 이미 사라진 책들의 데이터를 보유하고 있는 것만으로도 다행이라고. 서점 사이트에는 책표지 사진부터 서지 정보, 책소개글, 본문 발췌 내용까지 그대로 남아 있었다. 아마도 이 내용은 당시 책을 내게 알려주었던 문학 담당 아르바이트생, 그리고 학교를 졸업한 뒤 직원으로 채용되어 지금까지 일하고 있는 그녀가 마음을 다해 채워 넣은 것이 아닐까 짐작해보았다. 한 권의 책이 세상에 남아 있으려면 누군가의 손이 반드시 필요하다.

이 책을 다른 누군가에게 알리고 또 세상에 남기기 위해 나도 작은 노력을 한 적이 있다. 다른 온라인 서점에서 아르바이트하는 동안 책을 소개할 기회가 생긴 것이다. 본부장이 내 자기소개서를 보았다며 회사 사이트에 한 달에 두 번씩 칼럼을 써줄 수 있겠냐고 물었다. 원고료 대신 원하는 책을 사볼 수 있도록 당사의 온라인 적립금을 주겠다고 했다. 칼럼 한 편에 오만 원이었다. 나는 알았다고 했다. 오만 원이면 책이 몇 권이야? 책도 마음껏 사볼 수 있고 내가 좋아하는 책도 마음껏 소개할 수 있다니! 그땐 신이 나서 했다. 칼럼 한 편에 한 권만 소개하기가 아까워서 같은 주제로 두세 권씩 묶어서 소개했다. 나름대로 테마를 정하고 분류하는 작업도 재밌었다. 《내 친구》와는 당시에 막 출간된 황정은의 《백의 그림자》를 묶었다. 일단 표지가 주는 쓸쓸한 분위기가 비슷했고, 결은 조금 다르지만 무리에서 소외된 외로운 이들의 목소리를 들려준다는 점이 통했다. 칼럼 제목도 근사하게 지었는데…….

그때 쓴 글을 찾아보려고 했지만, 어디에도 없었다. 구글에서 검색하면 웬만한 건 다 나오던데, 아무리 사라진 사이트라고 해도……. 없었다. 2000년대부터 생기기 시작한 온라인 서점 중에 지금까지 살아남은 건 한 손에 꼽을 정도. 하필이면 당시에 내가 온 힘을 들여 책을 소개한 그 서점은 흔적도 없이 사라졌다.

그 글을 읽은 사람은 얼마나 될까. 글을 읽고 책에 대해 궁금증을 가져본 사람은? 단 한 사람뿐이어도 좋을 것이다. 글을 쓸 당시에도 이 책은 이미 절판이었으니.

표지를 넘기면 차례에 이어 '에마뉘엘 보브의 삶과 문학'이라는 제목의 역자 서문이 나온다. 아마도 국내에 소개된 적이 없는 작가의 책이기 때문에 사전 설명이 필요했으리라. 서문에 의하면 이 책이 나온 건 1924년이다. 작가 나이 스물여섯, 첫 작품이었다. 발표된 직후엔 잠시 주목을 받았으나 긴 시간 동안 잊혔다. 두 차례의 세계대전이 벌어진 상황에서 사회 참여 문학이 아니라는 이유로 경시되었다. 그의 작품이 사후 60년이 지나서야 빛을 발하게 된 이유는 그가 구현해낸 작품 속 인물들이 1970년대 중반 이후 세계적으로 등장한 소외되고 표류하는 젊은이들의 모습을 그대로 담고 있기 때문이다. 그리고 지금까지도.

프롤로그는 주인공 바통이 아침에 집에서 눈을 뜨는 장면으로 시작된다. 입안은 텁텁하고 눈가에는 눈물 자국이 말라붙어 있다. 시선은 바통이 잠들어 있던 방 안으로 확대된다. 습기로 얼룩진 벽지, 재활용 가구들, 헝겊을 감아놓은 작은 스토브의 연통이 보인다. 이곳은 바통이 묵고 있는 낡은 옥탑방이다. 비라도 내리면 방 안은 얼음장처럼 차가워지고 마룻바닥에 물웅덩이가 생기지만 태양이 환히 빛나는 아침에는 햇살이 방 한가운데까지 쏟아져 들어오는 곳. 모든 묘사는 바통의 1인칭 시점으로 이루어진다. 옆집에 살고 있는 여자의 콧노래 소리, 그녀가 신은 펠트 슬리퍼 끄는 소리, 언젠가 그녀에게 좋아한다고 고백했다가 거절당한 경험도 이어진다.

바통은 침대에서 일어나 가장 먼저 양말을 신는다. 구두 밑창을 들여다보며 앞으로 얼마나 더 신을 수 있을지 가늠해본다. 세수를 한다. 다 닳은 비누에서는 거품이 나지 않지만, 세수를 하고 나면 기분이 좋아진다. 거울은 창가 쪽에 있다. 바통은 가장 밝은 곳에서 정면으로 자신의 모습을 바라보는 걸 좋아하는데 훨씬 잘생겨 보이기 때문이다.

바통은 전쟁에서 살아 돌아온 상이군인으로 연금 생활자이다. 젊은 나이지만 몸을 심하게 다쳐 거동이 불편하고 양어깨는 크게 기울어져 있다. 옷을 입고 밖으로 나온 그는 느릿느릿 산책하다가 근처의 작은 카페에서 커피를 마신다. 카페 주인은 전투 중에 한쪽 눈을 잃었다고 했다. 사회 문제에 대한 토론을 좋아하는 주인과 짧은 대화를 마치고 계산을 한 뒤 가게를 나와 작은 식료품점으로 간다. 깔끔하게 진열된 식료품들을 구경하고, 정육점에도 들러 천장에 매달린 고깃덩어리들을 구경한다. 정육점 옆 빵집과 동네 꼬마들이 자주 가는 잡화점을 지나 옆집 아가씨가 일하는 우유 가게……. 자신의 고백을 거절한 그녀가 있는 곳은 빠른 걸음으로 지나친다.

　이어지는 본문은 모두 다섯 장으로 이루어져 있다. 뤼시 뒤누아, 앙리 비야르, 뱃사람 느뵈, 신사 라카즈, 블랑셰. 바통이 친해지고 싶어 했던 다섯 사람의 이름이자 바통의 애정과 관심을 저버린 사람들의 이름이다. 장마다 외로운 바통이 그들을 어디서 어떻게 만났는지, 그들은 어떤 사람인지, 왜 친구가 되고 싶은지, 어떻게 애정을 구했고, 어떻게 실망했으며, 어떻게 헤어졌는지 이야기하고 있다. 모두 바통의 시점으로 서술되기 때문에 누구보다 바통의 편에서 바통에게 다가왔다 멀어져 가는 사람들을 바라볼 수 있다. 그들은 바통과 다를 것 없는 보통 사람이었고 바통의 아낌없는 친절이 되레 과분해 보였는데 막상 그들의 입장이 되어 보면 어지간히 부담스러울 것 같기도 하다. 그들은 바통을 떠났다. 그리고 다시는 만나지 않았다.

　친구. 내 친구. 바통이 필요한 건 단지 그것이었다. 그게 그가 원하는 전부였다. 이 소설은 처음부터 끝까지 줄기차게 오직 단 하나의 외침만 들려주고 있었다. '나는 외롭다. 나에게 친구가 필요하다.'

　친구가 되고 싶은 마음을 표현하는 나의 소심한 방

식은 내가 쓴 글을 보여주는 것이었다. 글을 보여주다니, 대범한 건가? 자신 없고 부끄러운 글이었지만 좋아하는 상대에게 감상과 조언을 듣는 게 좋았고, 무엇보다 내가 쓴 글을 통해 어떤 사람인지 먼저 알려주고 싶었다. 가장 확실하게 나라는 사람을 알릴 수 있는 방법이라고 생각했다. 많은 이들에게 보여줄 수는 없었고, 딱 내가 좋아하는 사람, 친해지고 싶은 사람에게만 그랬다. 그러니 지금까지 한 번이라도 내 부탁으로 습작들을 본 적이 있는 사람이라면, 내가 많이 좋아했다는 것을 알아주었으면 한다.

온라인 서점에서 아르바이트하던 2007년에도 함께 일하던 이에게 내 글을 먼저 보여주었다. 그땐 아르바이트하는 사람들끼리 점심 도시락을 싸 와 같이 먹었는데, 다 먹은 뒤 둘이 남아 내가 쓴 소설 이야기를 했다. 미리 보내준 소설을 다 읽고 온 그녀는 자신의 느낌을 진지하고 다정하게 들려주었다. 읽고서 좋았던 문장을 하나하나 말해주었다. 십일 년이 지난 지금까지 기억나는 건 칭찬의 말들뿐이다. 이상도 하지. 정말 그랬다. 그 말 때문에 계속 쓸 수 있었다.

아르바이트하는 사람들끼리는 가끔 바깥에서 따로 모이기도 했다. 돈을 모아 밥을 사 먹기도 했고 차도 마셨다. 사람들 중에는 나처럼 글을 쓰고 싶어 하는 이가 더러 있었고, 이미 프리랜서 작가로 활동하는 이도 있었다. 우리는 책이나 작가, 글에 대해 다채롭게 대화를 할 수 있었다. 앞으로 하고 싶은 일, 현실적인 문제, 대안……. 그런 이야기를 할 수 있는 소집단을 일터에서 만난 게 처음이자 유일했다. 지금 와서 생각해보니 그랬다. 유일한지 몰랐기 때문에 당시의 나는 그 모임에 조금 소홀하기도 했다. 어느 때부턴가 마음이 멀어졌고, 그들 대부분의 이름과 얼굴이 생각나지 않게 됐다. 운이 좋게도 지금까지 연락하고 지내는 사람은 두 명뿐이다.

아마도 그 무렵일 것이다. 밤이 되어 세상 전체가 깜깜한 어둠에 휩싸여 외로움이 나를 삼킨 날이었다. 그날의 기억은 너무 강렬해서 아직도 생생하게 떠올릴 수 있다. 다른 사람들은 그런 상황을 어떻게 견딜까? 느닷없이 찾아온 외로움을 어떻게 떨쳐낼까? 무엇을 할까? 내겐 친구를 찾는 일이 시급했다. 핸드폰에 저장된 이름을 순서대로 불러보았다. 통화 버튼을 누를지 말지를 약 삼 초간 생각하다가 다음으로 넘어갔다. 그러는 동안 통화를 시도한 사람도 있었고, 시도했으나 받지 않은 사람도 있었다. 전화를 받은 대학교

동창과는 긴 통화를 했다. 그녀에게도 나는 소설을 한 번 봐달라고 부탁해서 보여준 적이 있었다. 친해지고 싶었다는 얘기다. 오랜 시간이 지나 지금은 거의 연락하지 않지만, 그때 내 전화를 받아준 그녀를 잊지 않고 있다. 글로 풀어 쓰자면 이상하고 부끄러운 문장이 되어버릴 말을 끊지 않고 끝까지 들어준 그녀가 고마웠다. 그저 누군가와 접속되어 있다는 것을 끊임없이 확인하고 싶은 밤이었기에 내 침묵까지도 다 들어준 그녀가 고마웠다.

사실 이런 일은 수를 헤아리기 힘들 정도로 많다. 굳이 생각하지 않았지만 한 시절 한 시절을 돌이켜보면 암흑 같은 외로움이 나를 덮치고 어떻게든 탈출하기 위해 다른 누군가를 애타게 찾았던 기억이 과거의 전부였다. 어린 내게 친구나 연인은 그럴 때 필요한 존재였다. 왜 그랬을까. 가장 큰 친밀감과 안정감을 얻어야 했을 가족과의 관계가 소원했던 탓이었을까. 스스로를 온전히 혼자서 지켜낼 자신이 없었던 걸까. 나는 어떻게든 타인에게서 위안을 얻고 싶어 했다. 내가 좋아하고 나를 좋아하는 사람들에게서.

지금의 나는 많이 달라졌다. 결혼을 했고, 바로 내 집에서 내 가족에게 가장 큰 친밀감과 안정감을 느낀다. 나의 가족에게는 비밀이 없고 대화로 풀지 못할 고민이 없다. 가끔 군중 속이나 혹은 익숙한 사람들 사이에서도 외로움을 느끼곤 하지만 내 집으로 돌아오는 순간 다 잊을 수 있었다. 또한 쓸쓸했던 시간을 글로 쓰다 보면 한 줄 한 줄 쌓여가는 문장이 나를 기쁘게 해주었다. 그러나 무엇보다 나는 이제 외로움이나 슬픔을 모른 척할 수 있는 사람이 되었다. 이봐, 너를 달래줄 시간이 없어. 나도 없고 그들에게도 없어. 우린 각자 할 일이 많다고. 그렇게 보내버리면 될 일이었다. 이 경험과 노하우를 그대로 가지고 2007년으로 돌아갈 수만 있다면······. 그렇게 된다면······. 어쩌면 다시 십일 년이 지나 지금의 내가 되었을 때 곁에 친구 하나 없는 거 아닌가. 그렇게 되려나?

《내 친구》의 에필로그는 바통이 아파트를 나가는 장면으로 끝난다. 집주인이 방을 빼라고 했다. 바통은 왜 자신이 아파트를 나가야 하는지 알지 못한다. 자기처럼 입주민 규칙을 잘 지키는 사람도 없는데 말이다. 자신은 그저 옥탑방에서 조용히 살았다. 일을 하지는 않았지만 그건 전쟁 중에 몸을 다쳐 일할 수 없는 거였고, 가난한 삶을 바꾸어줄 정도는 아니지만 방세를

밀리지 않고 낼 수 있는 연금을 받았다. 하지만 아파트 입주민들은 바통과 같은 공간에 머물기를 원치 않았다. 이웃들에게 그는 불결하고 일도 하지 않고 빈둥대며 사람들에게 치근덕거리기나 하는 불쾌한 존재였던 것이다.

 오직 신만은 자신의 진심을 알 거라고 바통은 생각한다. 그러면서 어릴 적 자신에게 친절을 베푼 한 남자를 떠올린다. 바통은 그의 친절을 기억했다. 한 번도 잊지 않았다. 그가 자신에게 했던 것처럼 자신도 만나는 아이들에게 선물을 준다. 아이들은 기억하겠지. 그런 생각을 하며 바통은 행복해한다. 자신이 누군가의 마음속에 오래도록 살아 있게 될 테니. 바통이 그렇게도 간절히 친구를 원했던 것은 곧 자신의 생을 진정으로 아끼고 사랑했기 때문이리라.

글을 쓰고 책을 만드는 일이
멀리 있거나 어려운 일이 아니라는 것을
이 책들이 알려주었다.
쉬워 보인다는 말이 결코 아니다.

이처럼 혁신적이고
평등한

임소라 《사소설》 2015년 출간
구산동도서관마을 2017년 2월 대출

한 달 전에 그만둔 도서관 홈페이지에 들어가 보았다. 지난번엔 실패했지만 이번엔 성공할 수 있을까. 아직 기억하고 있는, 잊어버리기엔 함께한 시간이 제법 길었던 내 사원번호로 로그인을 했다. 번호는 사라지지 않고 그대로 있었다. 나의 개인정보와 대출 이력도.

소장도서관 : 은평구립도서관
대출도서관 : 구립구산동도서관마을
도서명 : 사소설
대출일자 : 2017/02/09
반납일자 : 2017/02/11

2017년 2월 9일에 대출해서 사흘 만에 반납한 《사소설》은 도서관에서 처음으로 빌려본 독립출판물이다. 처음이자 마지막이었다. 이 외의 독립출판물들은 모두 사서 읽었으니까. 다만 이 책은 2015년 1월에 초판을 발행한 이후 절판 상태였다. 아마도 더는 나오지 않을 것 같은데 직접 손으로 만든 책이기 때문이다. 제작자가 더 이상의 제작을 멈추면 구하려야 구할 수가 없어진다. 이것이 도서관에서 독립출판물을 수서하고 보관해야 하는 충분한 이유이다.

몇 주 전, 나는 《사소설》을 다시 읽고 싶어서 도서관 상호대차를 신청했다. 책을 소장하고 있는 도서관이 전국에 단 한 곳이었는데, 마침 그곳이 내가 근무했던 도서관과 같은 지역이라 상호대차를 신청할 수 있었다. 하지만 얼마 지나지 않아 신청 취소 문자가 왔다. 다른 이용자가 도서관에서 직접 대출해갔다는 것이다. 나는 기다렸다. 기다릴 수 있었다. 도서관에서 빌려보고 싶은 책을 기다리는 시간은 조금도 길거나 지루하게 느껴지지 않는다. 내가 읽고 싶은 만큼 다른 누군가도 그런 마음으로 책을 보고 있을 테니 기다리는 게 당연하다.

지난 금요일에 다시 상호대차를 신청해보았다. 신청이 완료되었고 취소만 되지 않는다면 월요일에 책을 받을 수 있다.

월요일 아침. 도서관으로부터 문자가 왔다.

디엠시역 A열 3번 자료수령가능.

지난 번 《7번 국도》 사건이 벌어졌던 그 장소였다. 그때의 기억이 데자뷔처럼 떠오르긴 했지만 이번엔 내 아이디로 신청했고, 지갑에는 내 대출카드가 들어 있으니 한 번만 더 믿어보고 싶었다. 만약 이번에도 저 무심한 기계가 믿음을 저버린다면, 미련 없이 돌아서서 지난번에 눈여겨보았던 편의점 삼각김밥이나 먹고 오자고 마음먹었다.

디엠시역 1번과 5번 출구 사이 무인대출기 앞에 섰다. 기계 앞에서 반가움을 느끼면서 동시에 긴장해보기는 처음이다. 무인대출기도 나를 기억하고 있을까. 대출카드를 내밀었다. 이번에는 아무 이상 신호 없이 화면에 내가 신청한 책의 제목이 보이면서 찰칵, 문이 열렸다. A열 3번 칸이었다. 나는 무사히 책을 꺼내 들었다. 이야, 너 이 자식! 진짜 고마워! 내 말을 알아들었는지 아닌지 무인대출기는 말없이 탁, 하고 닫혔다. 반납할 때 또 보자. 인사를 한 뒤 나는 바로 옆 편의점에서 삼각김밥 하나를 사서 느긋하게 먹었다.

그러고는 집 근처 카페로 와서 이 글을 쓰고 있다. 이것도 원래 계획했던 일이다. 책을 빌리는 데에 성공하면 이곳에 와서 글을 쓰자고(A). 만약 책을 빌리지 못할 때를 대비해 여분의 책도 챙겼으니 어쨌든 이곳에 오자고 다짐했다(B). 플랜 B도 나쁘진 않았겠지만, A여서 더 기분 좋게 이 글을 시작할 수 있었다. 내 옆에는 당시 기억을 그대로 머금고 있는 책, 《사소설》이 놓여 있으니.

《사소설》은 임소라 작가의 책 중 가장 먼저 접했다. 2017년 2월, 내가 처음으로 독립출판에 눈을 뜬 무렵이기도 하다. 그 이전에도 독립출판이라는 게 존재하는 것을 알았지만 내 일이라고 느끼지 못했다. 솔직히 말하자면 정식으로 등단하지 못했거나 출판사에서 책으로 내주지 않는 작가들이 자비로 책을 만드는 일, 이라고만 알았으며, 나와는 상관없는 일이라고 여겼다. 나는 언젠가는 정식으로 등단도 하고 출판사에서 책도 내줄 거라고 믿었다. 그 믿음은 처음엔 확실했다가 점점 불확실해졌다. 결국 못하게 될 수도 있다고 생각했고, 그래도 어쩔 수 없다고 체념할 만큼 나는 나이를 먹어가고 있었다. 딱 그 무렵에 이 책을 만났다.

손으로 만든 책이었다. 기계의 힘이라고는 한글프로그램이 깔린 컴퓨터와 프린터를 사용한 정도. 인쇄한 종이를 접어서 실로 묶은 것은 모두 제작자의 손이었다. 나는 책을 읽기 전에 몇 번이나 만져보았다. 구석구석 사람의 손이 닿을 만한 곳은 다 살펴보았다. 닿지 않는 곳이 없었다. 이렇게도 책을 만들 수 있구나. 책에 대해서 다시 생각해보게 하는 책이었다.

우선 구성이 독특했다. 스물, 서른, 마흔, 쉰이라는 제목으로 소설 네 편이 실려 있었다. 나이를 말하는 것 같았지만 그렇다고 나이 설정이 소설의 중심은 아니었다. 네 작품 모두 화자는 서른 즈음으로 짐작되었고(〈서른〉이라는 소설이 압도적으로 긴 것이 그 때문이었는지는 모르겠다.) 서른 즈음의 인물들이 과거를 회상하거나 미래를 예측하거나 해당 나이대로 보이는 타자를 만났다. 재밌었다. 내용 전개가 빨랐고 작가가 하고 싶은 말이 무엇인지 확실히 알 수 있었다. 무엇보다 이런 기획부터 집필, 그리고 책을 만들기까지의 모든 수고를 작가 혼자 해냈다는 것이 대단하게 느껴졌다. 이런 책이 도서관에 있다는 것도 신기했다.

출판사 이름은 '하우위아'였다. How we are. 삶의 방식에 대한 질문이었고, 이것이 이 제작자가 추구하는 방향이자 출간하는 제작물들의 정체성이라는 생각이 들었다. 이후에 읽은 임소라 작가의 《시간이 많아서》와 《한숨의 기술》도 마찬가지였다. 뒤의 두 책은 내가 구하려 했을 땐 서울에 판매하는 곳이 없었고, 부산의 한 독립책방에 남아 있다는 소식을 접하고 여행 겸 들러서 구입했다. 모두 손으로 만든 책이었다.

작가가 만든 책을 읽고 나도 책을 만들기 시작했다. 지망생으로 살아온 시간이 근 이십 년이었으니 원고야 얼마든지 있었다. 우선 내가 그동안 썼던 소설들을 찾아보았다. 다 합하면 벽돌만 한 백과사전도 만들 수 있겠지만 그중에서도 고르고 골랐다. 그럼 어떤 기준으로 고를 수 있을까. 소설들을 모아보니 다들 특별한 장소에서 시작되었다. 서점, 도서관, 카페, 화실, 빨래방, 전철역, 영화관, 병원 등등 그곳은 다 내 기억 속에 살아 있는 실제 장소였다. 제목은 《장소의 기억》이 되었다. 이 책은 어디에도 없으며 누구에게도 읽히지 않을 것이다. 오직 내 손에만 존재할 책. 그것만으로도 이 책을 만들 이유는 충분했다. 그리고 이런 경험을 하게 해준 작가에게 진심으로 감사했다.

작가에게 직접 이야기를 하는 방법도 물론 있겠지만 나는 감사를 전하는 방식도 책의 형태를 빌리고 싶었다. 내가 만든 책에 작가에 대한 고마움을 표시하는 것이다. 작가가 그 책을 읽으리란 보장도 없으면서 그렇게 했다. 언젠가는 전달될지도 몰라. 그런 마음으로.

2017년 7월, 어느 행사장에서 임소라 작가를 직접 볼 수 있었다. 아직 첫 책을 만들기 전이고, 일 년 뒤 도서관을 그만두고 카페에 앉아 이 글을 쓰고 있으리란 예상도 하지 못했던 어느 평일이었다. 나는 저녁 행사에 참석하기 위해 굳이 쓰지 않아도 될 반차를 썼다. 가방에는 노트북과 책이 있었다. 행사가 진행될 카페에 미리 가서 차를 마시며 노트북을 열었다. 그러고 보면 지금 생활과 크게 다르지 않았다.

행사 시간이 임박했을 즈음 작가가 나타났다. 처음에는 긴가민가했다. 실제로 본 적이 없었기 때문이다. 그 흔한 인스타그램 사진도 한 장 없었다. 하지만 왠지 작가가 맞을 것 같았고 실로 그랬다. 아직도 생생하게 기억하는 작가의 모습을 여기에 묘사하고 싶지만 실례가 될지도 모를 것 같아 그저 선이 바르고 섬세한 이미지였다고만 밝히겠다. 그러면서도 언젠가 어디서 한 번쯤 만나본 것 같은 친근함이 느껴졌다. 이미 작가의 글을 대부분 다 읽었고 이변이 없는 한 앞으로 나올 책들도 다 읽을 것이기 때문에, 앞으로도 작가의 인생에 기꺼이 참관하고 싶기 때문에 더욱 친밀하고 특별해 보였으리라.

그날 객석에는 나를 포함해 스무 명 정도가 모였다. 작가와 함께 있던 독립책방 운영자의 독립출판에 대한 설명과 소개가 이어지자 너나없이 필기를 시작했다. 모인 사람들 다 뭔가를 제작할 기세였다. 아이디어와 아름다움을 갖춘 다양한 독립출판물들에 대해 알려준 분은 헬로인디북스의 이보람 대표였다. 이보람 대표 역시 그날 처음 보았는데 귀에 쏙쏙 들어오는 목소리가 인상적이었다. 어쩐지 시니컬하면서도 유머러스한 표현 때문에 나 혼자 키득키득 웃었던 기억, 이따금 객석에서도 웃음이 터졌던 기억이 난다. 발표를 하는 중간에 샘플로 가져온 제작물을 보여주는 역할은 옆에 앉은 임소라 작가가 해주었다. 뭐랄까. 쿵짝이 잘 맞았다. 각자가 좋아하는 일을 하면서 서로의 조력자 역할을 해주고 있는 모습이 보기 좋았다.

임소라 작가 차례가 되자 나는 좀 더 귀를 쫑긋 세웠다. 작가는 2017년 1월부터 두 달에 한 권씩 발표하기 시작한 '거울너머 시리즈' 제작기에 관해 이야기했다. 자신의 특징과 장점을 파악하고 그것을 최대한 이끌어낼 수 있는 작업 방식을 선택해 실행해 나가기까지 과정을 설명했다. 어떻게 두 달에 한 권씩 책을 낼까 싶었는데 그녀의 이야기를 들으니 고개가 끄덕여졌다. 소규모 자가 출판 아닌가. 기성 출판사처럼 일정에 맞춰 책이 나오기를 기다려야 하는 것도 아니고 편집자나 디자이너와 조율할 시간이 필요한 것도 아니었다. 모든 과정을 스스로 정하고 이행할 수 있었다. 책임을 지는 것도 혼자의 몫이지만 좋아하는 일만큼은 나도 한번 그렇게 해보고 싶었다. 잘 되면 남의 공, 잘못되면 내 책임이라는 불합리한 공식에 익숙해져 있던 내게 이보다 혁신적이고 평등한 사회는 없어 보였다. 나는 집에 돌아와 쓰던 글을 마저 썼고, 책을 마저 만들었다.

"인류에 길이 남을 책 딱 한 편만 쓰고 죽어."

내게 문학을 가르친 교수가 한 말이다. 스물의 나는 왜 저 말에 반박하지 못하고 정말 저대로 살아야 한다고 생각했을까. 물론 나도 좋은 작품을 써서 길이 남기고 싶지. 그게 싫다는 말이 아니다. 다만 저 말이 문학을 얼마나 높고 먼 곳에 올려놓았는지 저 말을 사용하고 퍼뜨린 작자들은 알아야 한다. 그때나 지금이나 그들보다 많이 산 것은 아니지만 이만큼 살아보니 나는 알겠는데. 글로써 사람을 풍요롭게 할 수 있다면 우리가 사는 일상도, 쓰고자 하는 마음도 모두 다 문학이 될 수 있다는 것을 말이다.

구달 작가는 한 달 동안의 일상과 생각들을 모아 《한 달의 길이》라는 책을 만들었고, 임초록 작가는 매일 잠들기 전의 기록을 에세이와 소설 형식으로 모아 《침대 머리맡》이라는 책을 만들었다. 정나영 작가는 유럽 여행을 하면서 대안경제를 실천하는 모습을 담아 《이토록 진지한 유럽 여행기 혹은 이렇게 가벼운 대안경제 여행기》라는 책을 만들었고, 30일간의 지방의회 아르바이트 일지를 묶어 《알바의 품격》이라는 책을 만들었다. 나열한 책들은 모두 독립출판물이다. 내가 책을 만들기까지 정서적이고 기술적으로 영향을 준 책들이다. 글을 쓰고 책을 만드는 일이 멀리 있거나 어려운 일이 아니라는 것을 이 책들이 알려주었다. 쉬워 보인다는 말이 결코 아니다. 삶이 곧 글이 되고 책이 될 수 있다는 것을 이 책들이 먼저 보여주었다는 뜻이다.

그때 그 장소로 다시 돌아갈 수 있었다.
다시 읽는 책이 주는 선물 같은 거라고 생각했다.
어떤 책을 다시 읽으면 그 책과 함께 보낸
나의 시간도 다시 사는 것 같다.

사람으로 아껴주고
존중하고 좋아하는

황정은 《파씨의 입문》 2012년 출간
성동구립도서관 2012년 12월 대출

내 본가는 왕십리에 있지만, 왕십리에 대한 좋은 기억은 별로 없다. 중구 필동, 부산 전포동, 다시 필동, 신도림, 동대문을 거쳐 왕십리까지 흘러들었을 때 내 나이는 서른셋. 아버지는 환갑이 넘어 있었다. 그때까지도 우리 가족은 웬일인지 이사를 멈출 수 없었다. 한 번도 우리 집을 가져본 적이 없어서였다. 때가 되면 짐을 쌌다. 언제부터인가 이삿짐을 잘 풀지도 않았다. 상자째 두었다가 그대로 가져갔다. 오랜만에 열어 보면 더 이상 필요가 없어져 상자째 버렸다. 삼십 년 넘게 을지로에서 비닐 장사를 했던 아버지의 가게는 점점 작아지더니 어느 틈에 사라졌다.

그 무렵엔 내 사업도 어지간히 풀리지 않았다. 대학 졸업 후 업종만 바꿔 가며 다녔던 아르바이트를 그만두었더니 서른세 살의 백수가 되어 있었다. 십 년 가까이 같이 살면서 두 번의 이사를 함께했던 개와도 헤어졌다. 이름은 만두, 입을 다물고 있는 앞모습이 꼭 만두처럼 생긴 요크셔테리어였다. 어디서 들었는데 반려동물 이름을 음식명으로 지어주면 오래 산다는 말이 있었다. 미신이겠지만. 만두는 그래도 우리 곁에 오래 있어 주었다. 마지막엔 많이 아파서 어쩔 수 없이 안락사를 시켰다. 아직도 그날을 떠올리면 눈물이 난다. 나중에 만두를 만나게 되면 꼭 미안했다고 말하고 싶다.

왕십리에서 같은 왕십리로 이사를 한 번 더 했는데 새로 이사 간 곳은 이전 집의 반 토막인 데다가 한옥을 개조한 집이어서 화장실이 출입문 바깥에 있었고 온갖 벌레들로 득실댔다. 이사를 결정하고 처음 그 집에 가본 날 나는 그 집 부엌에 배를 까고 널브러져 있는 엄지만 한 바퀴벌레를 보고 펑펑 울었다. 걸레질을 아무리 해도 깨끗해지지 않는 작은 방에 책들을 정리하고 나자 내가 누울 자리가 없었다. 이미 많은 것을 버리고 왔지만 더 버릴 게 없는지 늘 둘러보아야 했다. 그게 습관이 됐는지 지금도 나는 뭔가를 버릴 때마다 두 다리를 쭉 뻗는 듯한 쾌감을 느낀다. 아무튼 밤에 화장실에 가려면 손전등을 챙겨야 했고 집에서 큰일을 보게 될까 봐 먹는 것도 조심스러웠다. 초등학교에 들어가기 전에 집 밖에 있는 재래식 화장실을 사용했는데 꼭 그때 생각이 났다. 지금은 모든 상황이 어쩔 수 없었다는 것, 그저 운이 조금 없었다는 걸 잘 알지만 그땐 다 원망스러웠다. 왜 조금도 나아지지 않은 채 시간만 가고 있는지. 나는 왜 서른이 넘도록 가족이 살 집을 구하는 데에 단 한 푼도 보탤 수 없는 건지.

황정은의 《파씨의 입문》은 젊음도 희망도 사라진 왕십리로 이사 가자마자 근처 도서관을 찾아 빌려본 책이었다. 2012년이었다. 성동구립도서관은 살던 집에서 큰길을 건너면 바로 있었다. 길만 건넜을 뿐인데 거기에는 아파트단지와 대형 마트가 있었다. 도로가 넓었고 차들이 쌩쌩 달렸다. 나는 틈만 나면 길을 건너 딴 세상으로 가서 책을 빌려보았다. 그 틈이란 대부분 지긋지긋한 일상으로부터 벗어나고 싶은 순간인데 그런 순간은 때만 되면 찾아오는 허기와 같아서 닥치는 대로 책을 빌려보았다. 다행히 좋은 책을 많이 만났다. 《파씨의 입문》도 그중 하나였다.

당시 읽었던 《파씨의 입문》을 다시 읽으려고 집 근처인 마포중앙도서관 홈페이지에 접속해보았다. 있었다! 일요일 밤 아홉 시였는데 이곳은 휴관일을 빼고는 매일 밤 열 시까지 운영한다. 나는 남편과 함께 대출도 하고 산책도 할 겸 나갈 채비를 했다. 어둡고 고요한 길을 십여 분 정도 걸으니 불이 훤한 도서관 정문이 나타났다. 간판만이 아니라 도서관 전체의 모든 창이 훤하고 하얗게 빛나고 있었다. 책을 읽거나 공부하는 사람들이 가득했다. 뭐랄까, 그 사람들이 꼭 이곳의 어두움을 막아주는 듯한 기분이었다. 어떤 악도 침범할 수 없을 것 같았다. 사서로 일했을 때 어떤 분이 내게 24시간 운영하는 도서관이 있으면 좋겠다는 말을 해서 기겁한 적이 있었다. 하지만 이용자 입장이 되어보니 집 근처에 그런 도서관이 있다면 좋을 것 같다. 얼마나 든든하겠는가. 24시간 불이 꺼지지 않는 도서관.

마포중앙도서관은 2017년 11월에 개관했다. 커다란 공동(空洞)이었던 곳이 차츰 채워지고 다듬어지는 과정을 가까이에서 지켜보았다. 이곳에 도서관이 생긴다고? 처음에는 믿어지지 않았다. 그만큼 설레고 기분이 좋았다. 쓸모를 알 수 없는 빌라와 상가들이 하루가 멀다 하고 뚝딱뚝딱 지어져선 '임대' 현수막을 매단 채 여러 달씩 비어 있었다. 처음 이 동네에 이사 왔을 때부터 마음에 들었던 작고 오래된 카페가 부서진 날에는 이 동네만의 상징 하나가 사라진 것처럼 허전했다. 도서관이라면 웬만해선 없어지지 않겠지. 그 안에는 또 얼마나 많은 사람들이 찾아올까. 그 사람 중에 나와 같은 사람도 있겠지. 같은 꿈을 꾸고 같은 노래를 부르는.

도서관의 책들은 신간 구간 할 것 없이 모두 새것

이었다. 도서관과 함께 책의 역사도 처음부터 시작되는 셈이다. 한 가지 더 특별한 점은 한쪽 벽면 가득 독립출판물 서가가 따로 있어서 마포구의 독립책방과 연계해 독립출판물을 수서하고 있는 것이다. 조심스레 그 서가에 가보았다. 서가마다 독립책방의 이름이 적혀 있었다. 다 아는 곳이었다. 이제는 친근한 책방 주인의 얼굴이 바로 떠오르는 것도 신기한 일이지만 그 서가 어디쯤 내 책이 있다는 것은 더 신기한 일이다. 이런 날이 오다니. 도서관에서 성장기를 보낸 이용자였다가, 도서관 노동자이기도 했다가, 도서관 장서를 만든 사람이 되다니. 무엇보다 피부로 와 닿는 실감은 이런 것이다. 나는 이제 더 이상 지긋지긋한 일상으로부터 탈출하듯 도서관으로 숨어들지 않아도 된다. 그렇게 된 지는 이미 꽤 지났지만 그때의 기억이 워낙 강하게 남아 있기 때문에 지금의 나아진 처지를 생각할 때마다 매번 가슴을 쓸어내린다. 이제 불안해하지 않아도 된다고.

황정은 작가의 책도 역시 새것으로 4층 한국문학 서가에 있었다. 2012년에 초판 1쇄 발행 이후 13쇄째였다. 그만큼의 시간이 흐르는 동안 이 책은 계속해서 인쇄되고 있었다. 내가 좋아한 책들은 대부분 초판

1쇄가 시작이자 끝이었다. 내 책의 운명도 크게 다르지 않을 거란 점에서 나와 내가 좋아하는 책들은 어쩌면 같은 운명을 타고난 것일지도 모르는데, 간혹 이 책처럼 다른 많은 사람의 힘을 입어 사라지지 않고 계속해서 나오는 책들이 있다.

나는 이전부터 황정은 작가를 알고 있었다. 물론 독자로서였지만 그가 등단한 신문 기사를 통해 처음 알게 되었으니 좀 각별하긴 하다. 그때 내가 본 작가의 사진은 어쨌든 작가가 되기 이전에 찍은 모습일 테니. 작가가 등단한 2005년 경향신문 신춘문예에 나도 투고를 했다. 2005년 신춘문예이니 2004년 12월에 투고했을 것이고 나는 대학 4학년이었다. 투고라는 것을 시작한 지는 고작 이 년이 지났을 텐데 꼭 당선돼야 한다는 마음은 그 어느 때보다 강했다.

신춘문예 결과가 발표되던 날 나는 신문에서 그의 얼굴을 뚫어지게 보았다. 어떤 사람인지, 어떻게 해서 이 사람은 붙었고 나는 떨어졌는지 알고 싶었다. 그의 등단작이었던 〈마더〉도 서너 번은 읽었다. 밑줄을 긋고 문단을 나누고 번호를 매기며 무슨 공식 외우듯 읽었을지도 모른다. 질투로 시작된 관심은 그 후로도 줄기차게 이어졌는데 내가 굳이 찾아보지 않아도 그의 작품은 유별나게 눈에 자주 띄었다. 신춘문예 등단 작가 중에 이렇게 꾸준히 소설을 쓰고 이름을 알리는 작가가 있었던가. 첫 소설집 《일곱시 삼십이분 코끼리열차》가 나오기도 전에 나는 도서관 정기간행물실에 비치된 계간지를 통해 이미 그의 단편들을 대부분 읽었다. 이후로도 각종 수상 작품집에서 그의 이름을 확인하다가 마침내 《백의 그림자》가 세상에 나왔을 때는 비로소 마음속에서 '쿵' 하는 소리가 났다. 작가가 만들고 싶은 세계는 이런 곳이구나. 어? 근데 나도 낯설지 않은 이 세계가 좋네? 내가 처음부터 원했던 곳이 여기인 것 같아! 손바닥만 한 책 속의 문장들이 모두 따뜻해서 이불처럼 덮고 싶었다. 불을 끄고 그 안에 가만히 눕고 싶었다.

자료실 입구에 있는 대출기에 회원증과 책을 올려놓자 자동으로 대출이 되었다. 출력 버튼을 누르자 기다란 대출 영수증도 나왔다. 영수증에는 《파씨의 입문》과 함께 빌린 다른 두 권의 책 제목과 빌린 날짜, 반납예정일이 상세하게 찍혀 있었다. 옆에서 이 과정을 지켜본 남편이 놀라워했다. 뭘 이런 거로 놀라나. 도서관이 이렇게 좋단다. 괜히 어깨가 올라가는 건 왜인지 모르겠다. 어떤 연유로든 한 번이라도 도서관에서 일해본 적이 있는 사람이라면 세상의 모든 도서관과 끈끈한 애정 같은 게 생기는 걸까. 꼭 그런 기분이었다.

집에 돌아와 책에 실린 소설들을 다시 한 편씩 차근차근 읽었다. 야행. 대니 드비토. 낙하하다. 옹기전. 묘씨생. 양산 펴기. 디디의 우산. 뼈 도둑. 파씨의 입문. 어딘지 황정은 작가를 닮은 것 같은 단정한 제목과 인물의 이름들이 반갑고 정겨웠다. 읽은 지 오래되었는데도 처음 읽었을 당시 어느 부분에서 내 가슴이 찡했는지 기억하고 있었다. 그때 그 장소로 다시 돌아갈 수 있었다. 다시 읽는 책이 주는 선물 같은 거라고 생각했다. 어떤 책을 다시 읽으면 그 책과 함께 보낸 나의 시간도 다시 사는 것 같다.

아홉 편의 단편은 누가 뭐라고 해도 황정은의 소설, 황정은의 문체였다. 한 번이라도 읽은 사람이라면 대번에 알 수 있었다. 근데 참 희한하게도 그의 소설을 한 편씩 다시 읽는 내내 생각난 건 당시에 내가 썼던 소설들이다. 왜지? 어느새 2012년도에 썼던 글을 찾기 위해 컴퓨터 하드를 뒤지고 있었다. 오래전에 보낸 메일함과 책상 서랍 깊숙한 곳에 두었던 USB를 꺼냈다. 다행히도 내가 쓴 글들은 뒤지는 곳마다 마치 오랜 숨바꼭질 끝에 들킨 것처럼 한두 편씩 얼굴을 보였다. 어딘가에 투고하기 위해 쓴 글이겠지 싶었는데 상태를 보아하니 안타깝게도 투고조차 못 하고 그냥 묻어버린 것도 더러 있었다.

내가 《파씨의 입문》을 읽은 직후에 쓴 소설이 있었다. 당시에 그걸 읽어본 친구들은 다들 입을 모아 '황정은이 생각난다.'라고 말했다. 나도 쓰면서 이미 알고 있었다. 지금 이 말투는, 이 속도는, 이 정서는 부인할 수 없는 황정은 작가의 것이라고. 어디에도 이 소설을 내놓지 못할 거라고. 하지만 쓰기를 멈출 수 없었다. 계속 이어 나가고 싶었다. 쓰는 게 재밌었고, 이렇게도 쓸 수 있다는 게 신기하기만 했다. 따라 해도 좋으니 결말을 맺고 싶었다.

아마 황정은 작가의 책이 아니었다면 당시 나의 가난한 사정과 불안한 마음을 소설로 쓸 생각도 못 했을 것이다. 들키고 싶지 않은 마음이 글자와 문장이라는 갑옷을 입고 백색의 전장(戰場)을 활보하는 모습을 보면서 희열을 만끽하는 경험도 못 했겠지. 작가는 인터넷 방송과 라디오, 팟캐스트 등 진행자 경력도 적잖게 가지고 있는데 그의 목소리를 들으면 그가 사용하는 문장들을 더욱 신뢰하게 된다. 낮고 정돈된 말투로 단어 하나 허투루 쓰지 않는다. 그러면서도 어렵게 말하지 않는다. 누구나 경험할 수 있는 일상과 누구나 구사할 수 있는 언어를 적재적소에 배치한다. 예민하지 않으면 지나치기 쉬운 '정치적으로 올바른(politically correct)' 표현도 나는 황정은 작가에게서 배웠다.

팟캐스트에서 황정은 작가가 한 말 중에 아직도 생각나는 대목이 있다. 누군가(아마도 평론가겠지.) 자신의 소설에 대해 쓴 글을 읽었는데 소설 속 등장인물을 지목하며 '가난한 사람들'이라고 호명한 것을 보고 깜짝 놀랐다고 했다. 소설 속에는 현실에 바탕을 둔 이야기도 있고 등장인물들 가운데 자신의 주변에 있거나 혹은 자기 자신인 경우가 더러 있는데 그 누군가(아마도 평론가)의 선부른 대상화로 졸지에 인물들의 계층이 나뉘었다고. 작가의 의도와 무관하게 무더기로 싸잡혀 '가난한 사람들'이 된 것이다.

나는 작가의 생각을 바로 공감할 수 있었다. 그리고 바로 부끄러워졌다. 나도 미처 의식하지 못하고 그런 식으로 사람들을 가르고 있었으니까. 당시 공공도서관에서 근무하고 있던 나는 각종 행사 기안과 계획서를 작성하면서 '저소득층', '사회취약계층' 같은 말들을 아무렇지 않게 사용했다. 깊이 생각해보지 않고

의례 사용해 왔던 것이다. 심지어 그런 식으로 대상을 명시해야 도서관 평가에서 좋은 점수를 받기도 했다. 평가 목록에는 버젓이 '사회취약계층을 위한 독서문화행사'의 진행 여부가 포함되어 있었다. 그 행사에 참여한 이용자들은 아마 모를 것이다. 자신들이 사회취약계층으로 구분되어 도서관의 참여인원 수를 채워주고 있었다는 사실을 말이다.

도서관을 비롯한 공공기관에서 말하는 사회취약계층은 다문화이주가정, 한부모가정, 탈북자, 장애인, 노년층 등이다. 그런 식으로 구분해야만 하는 이유가 있을 것이다. 간편하니까. 한 개인의 이름과 인격과 살아온 배경을 일일이 확인하지 않아도 대충 뭉뚱그려 파악할 수 있으니까. 무서운 일이다. 다문화이주가정 수를 파악해서 다문화이주가정 범주에 집어넣고, 한부모가정 수를 파악해서 한부모가정 범주에 집어넣는다. 연도별, 지역별로 변화의 추이를 확인해가며 필요한 정책을 마련한다. 이주노동자와 탈북자가 많은 이 지역은 다른 곳보다 안전에 취약하므로…… 이 지역에 장애인 시설을 지어야 하므로 주민들의 반대가 심할 것을 고려해서…… 이쯤 되면 사실 '왜'보다 '누가'가 더 궁금해진다. 과연 누가 이렇게 구분 짓기 시작했을까. '우리'가 될 수도 있었던 사이를 누가 갈라놓았을까.

"우리는 모두 이 세계의 일부예요."

그날 방송에서 황정은 작가가 말했다.

나는 미안하다고 말하고 싶어졌다. 그동안 몰랐다고. 인식하지 못하고 살아온 시간 동안 말과 글로, 마음으로 선을 긋고 누군가에게 상처를 주었을지도 모른다고.

여기까지 쓴 뒤 나는 《파씨의 입문》을 반납하고 《아무도 아닌》을 빌리기 위해 다시 마포중앙도서관에 갔다. 《아무도 아닌》은 2016년 11월에 발행된 황정은 작가의 세 번째 단편집이다. 이 책에 수록된 단편들도 대부분 다른 수상 작품집을 통해 이미 읽거나 알고 있었지만 다시 보고 싶었다. 가방에는 반납할 책과 노트북을 넣은 채였다. 그곳에서 이 글을 마저 쓸 계획이었다.

다시 가본 한낮의 도서관은 역시 하얗고 넓고 깨끗했다. 빈자리 없이 사람들이 많았지만 공간 배치를 잘 해놓았는지 구조물이나 서가에 가려 잘 보이지 않았고 앉아 있는 사람들도 모두 조용했다.

813.7 황74ㅇ. 《아무도 아닌》의 청구기호이다.

813.7 황74ㅍ. 이건 《파씨의 입문》의 청구기호일 것이다. 처음으로 이 규칙을 알았을 때의 희열이 도서관 장서의 책등에 붙어 있는 청구기호표를 볼 때마다 되살아난다. 도서관마다 사용하는 목록규칙은 다를 수 있다. 하지만 한 도서관이 사용하는 규칙을 완전히 이해하게 되면 다른 도서관에서도 길을 잃지 않을 수 있다.

나는 책을 뽑아들고 자동대출기로 가서 대출을 했다. 사서에게 가져갈 수도 있었지만 대신 대출해주고 영수증도 뽑아주는 재미난 기계가 바로 앞에 있는데 왜 굳이 그러겠는가. 이렇게 기계가 대출 반납을 다 해주면 사서가 왜 필요한지 걱정하는 사람들도 있다. 그 걱정은 책갈피처럼 책 사이에 고이 꽂아주길 바란다. 대출 반납 말고도 그 자리에서 사서가 해야 할 일은 아주 많다.

몇 번 가본 1층 카페로 갔다. 주문하려고 기다리는데 앞에서 아주머니 손님이 공을 들여 주문을 하고 있었다. 메뉴를 하나하나 짚어 가며 직원에게 설명을 요구했다. "이건 무슨 맛이에요? 이건 잘 나가요? 이건 어때요?" 그 질문에 유니폼을 입은 직원은 하나하나

친절하게 대답을 해주었지만 딱 봐도 힘들어 하는 게 보였다. 모자를 쓴 이마 아래로 땀이 가득했다. 나는 바로 뒤에서 발을 몇 번 굴렀다. 그 손님으로부터 직원을 구하고 싶었다. 나도 또 다른 손님일 뿐이지만. 그 손님이 주문을 완료했다. 그러면서도 질문은 끝나지 않았다. "몇 분 걸려요? 얼마나 기다리면 돼요?" 생글생글 웃으면서 묻고 있었지만 그 표정과 태도에서 직원을 하대하고 있다는 느낌을 지울 수 없었다.

나도 카페에서 아르바이트한 적이 있었다. 왕십리에서 살았을 때였다. 만두의 수술비와 입원비를 내느라 불어난 카드 값을 벌려고 시작했는데 어쩌다 보니 삼 년을 일했다. 삼 년 내내 저것과 비슷한 유니폼을 입고 한여름에도 반드시 모자를 써야 했다. 본사 매니저가 왔을 때 직원이 모자를 쓰고 있지 않으면 벌점을 줬다. 그때의 기억이 떠올랐다. 손님이 많은 주말이면 온갖 음료와 디저트를 만들어내느라 정신없이 바빴다. 에어컨 바람을 맞으며 빙수를 만들고 있는데도 온몸에 땀이 났다.

앞 손님은 음료와 함께 샌드위치와 와플, 아이스크림 등등 이것저것을 포장 주문한 모양이었다. 내 주문을 받으면서 직원은 미안해하며 주문이 밀려 있으니 조금만 기다려 달라고 했다. 나는 괜찮다고 했다. 자리로 돌아가 노트북을 켰다. 하지만 시선은 직원이 일하는 좁은 조리대에 계속 닿았다. 한 사람뿐이었다. 한 사람이 이곳저곳을 왔다 갔다 하며 분주하게 움직이고 있었다. 그러는 와중에도 정성을 들여 포장하는 모습이 보였다. 글쎄, 내가 왜 그런 걸 주의 깊게 보고 있는지는 모르겠지만 왠지 마음이 쓰였다. 때마침 읽고 있던 황정은의 소설 속에 나오는 인물 같기도 했고, 예전의 내 모습 같기도 해서. 하지만 가장 큰 이유는 이곳에 몇 번 오는 동안 저 직원이 손님들에게 아주 친절하고 좋은 사람이라는 인상을 받았기 때문이다. 사람을 아껴주고 존중하고 좋아하는 사람.

인생의 단 한두 장면만 보고 어떻게 그 사람을 판단할 수 있겠냐마는 한두 장면만으로도 진실이 느껴지는 사람이 있다. 한두 페이지만 읽어도 진실이 느껴지는 책이 있듯. 직원이 만들어준 따뜻한 라테는 정말 맛있었다. 나는 이렇게 맛있게 커피를 만들지 못했는데. 나는 모든 손님에게 친절하지 못했는데. 문득 그 바쁘고 정신없었던 주말 오후의 카페로 소용돌이치듯 빨려 들어가는 기분이었다. 반쯤은 그곳에, 나머지 반은 이곳에 앉은 채 나는 이 글을 썼다.

90년대 여중생이 된 기분이었다.
라디오를 같이 듣던 친구들은 다들 자라서
각자 어디론가 가버리고 없는데,
나만 그 시간, 그 자리에 멈춰 있는 것 같기도 했다.

진실이 되는 거짓말
거짓말이 되는 진실

베른하르트 슐링크 《여름 거짓말》 2013년 출간
2013년 7월 구입

여름 성수기가 끝난 휴가지에서 만난 두 남녀가 있다. 수전과 리처드. 산책길에서 그 둘은 오며 가며 눈을 마주치고 레스토랑에서는 합석을 한다. 음식을 먹으며 서로가 살아온 이야기, 살아가는 이야기를 들려준다. 수전은 솔직했고 리처드는 조심스러웠다. 수전이 먼저 다가갔고 리처드는 주춤했지만 두 사람은 사랑에 빠진다.

리처드는 자신이 머무는 모텔의 주인에게서 수전에 대한 이야기를 듣는다. 마을에 있는 커다란 저택의 주인이자 엄청난 대부호의 상속녀라는 것. 리처드는 수전이 자신을 속였다고 생각한다. 리처드는 부자를 좋아하지 않았다. 그녀가 부자인 줄 알았다면 그녀에게 눈길을 주지 않았을 것이다. 그러나 이미 자신은 수전을 사랑하고 있다. 수전 또한 리처드를 향한 마음이 깊어지면서 앞으로 두 사람이 함께할 미래를 설계하기에 이른다. 자신이 있는 곳으로 리처드가 올 것. 자신이 사두었던 집에서 함께 머무를 것. 수전의 계획은 간단하고 당연해 보였다.

휴가가 끝난 두 사람은 다음을 기약하고 각자 자신의 도시로 돌아간다. 수전은 로스앤젤레스의 고급 저택으로, 리처드는 뉴욕의 허름한 아파트로. 리처드는 베를린에서 온 이민자였다. 뉴욕의 오케스트라에서 플루트를 연주했다. 그는 자신이 사는 지역에 익숙해지기까지 오랫동안 힘들었다. 거리는 시끄러웠으며 거칠어 보이는 아이들은 다짜고짜 그에게 플루트를 연주해보라고 했다. 그는 불안에 떨며 연주를 했고 아이들은 듣고 있던 음악을 모두 끄고 그의 연주에 집중했다. 시간이 지나자 리처드는 시끄러운 거리가 마음에 들었다. 소음은 그에게 소수의 부자들 틈이 아닌 온전한 세계 안에서 살고 있다는 느낌을 주었다. 하지만 이것을 과연 수전과 공유할 수 있을까. 아무래도 그럴 수 없을 것 같았다.

수전과 함께 있는 동안 모든 이야기를 털어놓지 않은 것은 굳이 그럴 필요를 느끼지 못해서였다. 리처드는 수전을 사랑했다. 헤어지고 싶지 않았다. 하지만 자신의 삶으로 돌아오고 나니 그는 이곳이 바로 자신의 세계이며 누군가를 사랑한다고 해서 다 버리고 떠날 수 없다는 것을 알아차린다. 아파트 앞에서 이러지도 저러지도 못하고 앉아 있는 그에게 이웃 남자가 다가와 무슨 일이냐고 묻는다. 잠시 뒤 이웃 남자는 캔 맥주 하나를 옆자리에 놓아둔다. "마셔요!" 리처드는 맥주를 마시며 지나가는 사람들을 바라본다. 늦여름의 대기는 부드러웠다.

두 번째 이야기이다. 숲속의 집으로 이사 온 가족이 있다. 아내인 케이트와 어린 딸 리타, 남편인 그의 이름은 나오지 않는다. 그는 결혼 전에 독일에서 전도유망한 작가였다. 도서전 만찬회에서 지금의 아내 케이트를 만났다. 케이트는 이제 막 뉴욕에서 책 한 권을 낸 신인 작가였다. 사랑에 빠진 두 사람은 반 년 간 동거 뒤에 결혼을 한다. 결혼 생활 초반에 두 사람은 항상 같은 책상에 나란히 앉아 글을 썼다. 그러나 작품을 완성해내는 쪽은 언제나 케이트였다. 남편은 작품은커녕 짧은 글조차 이어 나가지 못했다. 공식 석상에 초대받는 쪽도 언제나 케이트였다. 처음에는 부부가 함께 갔지만 나중에는 아내 혼자 참석했다.

숲속의 집으로 이사 온 것은 케이트가 뉴욕의 온갖 강연회와 인터뷰, 토크쇼, 만찬회로부터 벗어나 온전히 작품에 집중하는 시간을 갖기 위해서였다. 케이트는 남편에게도 함께 글을 쓰자고 했고 남편이 재기할 거라고 믿어 의심치 않는다. 하지만 남편이 하루에 하는 일은 차를 타고 시내에 나가 식료품을 사 오고 고장 난 물건을 맡기고 자주 들르는 카페에서 차를 마시며 신문을 보다가 집으로 돌아오는 것이다. 집은 시내에서 떨어져 있었고 주변은 온통 숲이었다. 멀리서 자동차 소리가 들리면 케이트와 리타가 집 앞까지 나와 그를 맞아주었다. 자신에게 달려오는 어린 딸 리타를 번쩍 안아 올릴 때면 그는 세상에 부족한 게 아무것도 없었다. 아무도 훼방하지 않는 이 고요한 숲속에서 세 사람이 영원히 사랑하며 행복하게 살 수 있다면, 그에겐 더 바랄 게 없었다.

남편의 이런 바람은 점점 이상한 방향으로 변해간다. 그는 어떤 외부 세계와도 케이트가 접속하지 못하도록 차단하고 싶었다. 그것은 자신과 그의 가정을 잃고 싶지 않은 강한 열망의 다른 표현이었다. 곧 한 해를 정리하는 연말 시상식이 열릴 예정이었다. 한 해 동안 케이트가 발표한 작품들을 모두 읽은 그는 그녀만큼 유력한 수상 후보는 없다고 확신한다. 시상식은 물론 떠들썩한 축하 자리가 생길 것이고 자신을 홀로 두고 여기저기 불려 다닐 케이트를 생각하니 끔찍했다. 그는 집과 가장 가까운 곳에 있는 전선을 난폭한 방법으로 끊어버려 어떠한 연락도 집에 닿지 않도록 만들었다. 마침내 수상자로 케이트의 이름이 실린 신문을 발견했을 때도 그는 그녀에게 알려주지 않는다.

세 번째 이야기다. 부부가 등장하고 이름은 둘 다

나오지 않는다. 남편은 서점 직원, 아내는 도서관 사서로 일하던 중에 결혼했지만 지금은 남편만 출근하고 있다. 아내는 두 달 전에 도서관을 그만두었다. 도서관을 그만두었지만 아내는 계속해서 일을 했다. 1인 출판사 등록을 마쳤고 쓰던 글을 완성했으며 혼자서 책을 만들어 서점에 유통했다. 동네 서점에서 소규모 글쓰기 강의를 진행하기 위해 자료를 만들었고 연습을 반복했다. 모두 지난여름의 일이었다. 지금은 출판사와 계약을 맺고 약속한 원고를 쓰고 있다. 지난 두 달 동안의 수입을 확인해보니 도서관 사서로 근무하던 때와 별 차이가 없었다. 정신적으로나 육체적으로는 훨씬 자유로워졌으니 그녀에겐 희망적이다. 자동차 할부금과 각종 보험료, 핸드폰 요금도 낼 수 있었다. 옷이나 화장품은 거의 사지 않았다. 미용실에도 가지 않았다. 외출할 일이라곤 마을버스를 타고 동네 서점에 입고하러 갈 때나 우체국에 택배 부치러 갈 때뿐이었다.

추석을 앞두고 부부는 고민에 빠졌다. 아내가 도서관을 그만두었다는 사실을 시부모는 아직 모르고 있다. 그만둔 뒤로는 만나지 못했고 안부 전화를 하는 동안에는 그 이야기를 굳이 하지 않았다. 그런 이야기는 만나서 하는 게 나을 것 같았다. 그러나 추석이 다가올수록 솔직하게 말하려던 애초의 계획이 조금씩 흔들렸다. 남편은 만약 아내가 도서관을 그만두었다고 말한다면 지금까지 모면할 수 있었던 여러 가족 행사에 빠질 수 없게 될지도 모른다고 말했다. 아내가 다니던 도서관은 주말에도 출근해야 하는 곳인 데다가 갑작스러운 휴무를 내기도 어렵다는 것을 남편의 부모도 알고 있었다. 남편의 부모는 매일 출근하는 자식들을 배려해주었고 여러 경우에서 자식들을 배제해주었다.

하지만 도서관을 그만두었다고 하면? 이제는 집에서 개인적인 일을 하고 있다고 하면? 아내는 곰곰이 생각했다. 집에서 무엇을 하든 '집에 있다'는 사실은 변함이 없다. 시간과 공간에서 자유로웠고 그것은 맞는 말이지만 오해의 소지가 있는 말이기도 했다. 그녀에게 허용된 자유는 저당 잡힌 자유였다. 그녀는 자신의 선택에 책임을 져야 했다. 그녀는 집에서 종일 글을 썼고 책을 만들었고 포장을 했지만 그런 세계를 인정받으려면 확실한 물증이 필요했다. 그러니까 책. 그녀가 직접 만든 책. 하지만 그것을 다른 사람도 아니고 남편의 부모에게 보여드리자니 그녀는 몹시도 부끄럽고 자신이 없어졌다. 자신 있고 부끄럽지 않은 책을 만들 때까지 유예 기간을 두는 차원에서 계속 출근한다고 말하면 어떨까. 하지만 자신이 없었다. 거짓말이 들통 날 것 같았다.

세 가지 이야기는 모두 거짓말을 주제로 하고 있다. 두 가지는 베른하르트 슐링크가 쓴 《여름 거짓말》에 나오는 단편을 정리한 것이고 나머지 하나는 아니다. 무엇일까?

세 이야기 모두 거짓말을 하는 사람과 대상이 등장한다. 두 사이는 사랑하는 남녀이자 부부이며 가족이다. 큰 이익을 위해 작정하고 내뱉는 거짓말이 아니라 상황에 따라 어쩔 수 없어서, 혹은 상대를 너무 사랑해서, 그러나 대부분 상대보다 나를 더 사랑해서 나도 모르게 던지는 말들이다. 내용을 읽다 보면 거짓말을 한 사람이 '나쁘다'라기보다 '안됐다'라는 생각이 먼저 든다. 안됐다. 불쌍하다. 이해가 간다. 그리고 이 감상은 《여름 거짓말》에 수록된 다른 모든 단편에도 해당된다.

이 책을 처음 읽은 2013년 여름도 무더웠던 모양이다. 이 책을 읽고 쓴 당시의 짧은 글이 '무더웠던 한여름'으로 시작하는 것을 봐도 그렇고, 카페에서 이 책을 읽는 내 모습을 찍은 사진도 한 장 가지고 있다. 사진은 동생이 찍어준 것이다. 에어컨이 없는 집에서 도무지 견뎌낼 재간이 없어 동생과 집 근처 카페를 전전했던 그해 여름이 생각난다.

에어컨 없는 여름을 보내기는 2018년도 마찬가지였다. 나는 다니던 회사까지 그만두었으니 온종일을 에어컨 없는 집에서 버텨야 하는 신세였다. 찬물로 샤워를 하고 옷을 최소한으로 입고 선풍기 바람을 쐬면서 글을 쓰다 뇌수마저 증발해버릴 것처럼 더워지면 집을 나섰다. 그렇게 피서 온 사람들로 카페는 가득했다. 여름방학을 맞은 동네 꼬마들이 초콜릿 음료를 마시며 술래잡기하듯 돌아다녔고 어린 손주와 함께 온 어르신들은 주문하는 방법을 카페 직원들에게 배우고 있었다. 그 모습을 보고 있으니 문득 엄마가 생각났다. 엄마는 혼자서 이런 데 잘 못 오는데.

에어컨이 없기는 엄마도 마찬가지여서 나는 종종 엄마에게 전화를 걸어 괜찮은지를 묻지 않을 수 없었다. 엄마는 그럭저럭 참을 만하다고 한다. 나는 어떠냐는 엄마의 걱정에 도서관 다니니까 시원하다고 뻔뻔스러운 거짓말을 했다.

'그만뒀다고 하면 걱정할 거야.'

그런 생각이었다.

'회사에서 무슨 일이 있었나, 몸이 안 좋은가 걱정부터 하실 거야.'

이런 식으로 내 거짓말을 합리화한다. 추석 때 말하자. 대안으로 제시한 게 고작 책을 만드는 일이라면 모두가 화들짝 놀랄 테지만 엄마 아빠만은 놀라지 않을 것이다. 같이 사는 동안 이와 비슷한 사건으로 이미 여러 번 놀랐으니까. 대학 졸업할 때, 졸업한 지 삼 년이 지났을 때, 서른이 넘었을 때도 글을 쓰겠다는 이유 하나만으로 주저 없이 노선을 변경했는데 지나고 보면 나의 노선이라는 게 과연 있었나 싶을 정도로 모든 방향이 다 희미하다. 그나마 도서관에라도 자리를 잡아 다른 때보다 좀 오래 한다 싶었는데 이것도 내 노선이 아니었던 거다.

베른하르트 슐링크라는 이름은 영화 〈더 리더: 책 읽어주는 남자〉 때문에 알게 되었다. 우리나라에 개봉했던 2008년 12월에 나는 이대역에 있는 아트하우스 모모에서 이 영화를 봤다. 영화를 고른 이유라면 두 가지였다. 하나는 제목 때문에, 그리고 감독이 〈디아워스〉와 〈빌리 엘리어트〉의 스티븐 달드리라서. 영화는 기대 이상이었다.

영화의 원작을 쓴 사람이 베른하르트 슐링크였다. 원작을 찾아 읽었다. 나는 책에 푹 빠져 읽을 수 있었다. 문장을 읽자 영화의 몇 장면들이 그대로 떠올랐다. 영화를 보면서 생생하게 느꼈던 인물의 시선과 침묵과 긴장과 갈등이 몇 줄의 문장에서도 고스란히 전해졌다. 마치 영화의 장면을 문장으로 옮겨놓은 것 같았다. 하지만 그럴 리가 없잖아. 이 작가는 글을 정말 잘 쓴 거야. 감독은 이 글을 정말 잘 읽은 거고. 이해한대로 잘 표현했어. 그런 생각이 절로 들었다. 영화의 원작을 나중에 읽을 경우 영화에서 표현하지 않은 부분이 꼭 사족처럼 보일 때가 있는데 이 책은 그렇지 않았다. 도입부터 결말까지 모든 문장과 장면이 반드시 있어야 하는 자리에 있는 것처럼 확고하고 아름답게 느껴졌다.

곧바로 출간된 다음 작품 《귀향》은 작가의 이름만으로 확신을 갖고 읽기 시작했다. 지금 꺼내 보아도 이 책에는 온갖 밑줄과 접은 자국이 가득하다. 이 작가는 100%구나. 나는 속으로 생각했다. 쓰고 발표하는 모든 작품을 이제부터 아무 의심 없이 읽을 수 있는 '100%의 작가'였다. 아마도 나와 같은 독자들이 그즈음 많이 생긴 모양이었다. 몇 년 뒤에 다른 대형출판사에서 베른하르트 슐링크 전집을 출간했다. (그때를 시작으로 최근까지도 계속해서 나오고 있다.) 《여름 거짓말》은 그 시리즈에 속한 소설집이다.

이 책을 처음 읽은 2013년 나는 낮에는 카페에서 아르바이트를 하고 밤에는 사서교육원에서 공부를 하며 주경야독하고 있었다. 이듬해 1월부터 바로 도서관에서 근무하게 될 거라는 걸 꿈에도 몰랐던 나는 기약 없는 자격증을 얻기 위해 공부를 하고 시험을 치르고 내가 갈 만한 도서관이 어디일지를 찾아보며 하루를 보냈다.

그 무렵은 이른바 책 관련 팟캐스트의 부흥기였다. 〈이동진, 김중혁의 빨간책방〉과 〈황정은, 김두식의 라디오 책다방〉, 출판노동자들의 이야기를 주제별로 들려주는 〈뫼비우스의 띠지〉를 즐겨 듣고 있었는데, 얼마 뒤 신개념 본격 문학 팟캐스트가 등장했으니 바로 〈신형철의 문학이야기〉였다. 문학평론가 '신형철'과 '문학'이 만났으니 이보다 진지할 수는 없었다. 게다가 이 방송은 시간제한도 없는지 한 회에 두 시간, 세 시간을 웃돌았다. 더 대단한 것은 시작부터 끝날 때까지 진행자의 목소리 톤과 말의 속도가 절대로 변하지 않는다. 들어본 사람은 알 거다. 한 번도 들어본 적이 없다면 지금 바로 딱 3분만 들어보기를 바란다. 딱 3분만 들어보겠다면 3회 Part 1 56분 40초 지점부터 들어보기를 바란다. 내가 쓴 글이 등장하기 때문이다.

무더웠던 한여름, '거짓말'이라는 제목을 달고 있는 이 책을 읽고 나서 한참 동안 생각한 것은 아이러니하게도 '정체성'이었다. 한 사람의 정체성은 어떻게 이루어지는 것일까. 어떻게 표현되고 또 바뀌어갈까. 나의 정체성을 발현하는 주체는 결국 나 자신이고 내 말과 행동으로부터 뻗어 나오는 것인데, 정체성이라는 것이 '있는 그대로의 나'로 한정되는 게 아니라 '내가 원하는 나' 또한 포함한다면? '사실'은 아니지만 거짓말을 통해 상대에게 전하고픈 분명한 '진실'이 있다면? 모든 거짓말이 반드시 참의 반대인 것만은 아니지 않을까? 그런 거짓말에 대한 변명에 가까운 생각을 해보았다. 제각각 다른 상황 속에 놓인 인물들이 내뱉는 거짓말, 그 안에 담긴 그들의 진실이 시공간을 초월해 멀고 먼 나에게까지 도착했기 때문이다.
- 2013년 8월, 베른하르트 슐링크의 《여름 거짓말》을 읽고 쓴 글 중에서

〈신형철의 문학이야기〉 초반에는 이달의 책 몇 권을 정해 청취자들이 그 책을 읽고 보내준 독후감 중에 몇 편을 골라 방송에서 소개를 해주었다. 그 책 중 하나가 바로 베른하르트 슐링크의 《여름 거짓말》이었다. 예고한 달은 8월이었고 내가 이 책을 읽은 것도 그 무렵이었으니 나는 뭔가 운명 같은 것을 느끼며 자신 있게 독후감을 써서 보냈다. 마침내 내 이름과 내가 쓴 글이 신형철의 목소리로 다시 들려왔을 때의 감격이란.

그날의 방송을 다시 찾아서 들어봤다. 신형철의 목소리는 여전히 진지했고 매우 느렸다. 특히 내 글을 읽어줄 때에는 약간 냉소적인 느낌마저 들었다. 그건 그냥 나의 느낌이었다. 내가 써서 보낸 글은 제법 길어 신형철은 일부만 읽어주었다. 하지만 그 일부에 전체 요지가 다 들어 있었다. 듣는 사람이 흐름을 잘 따라갈 수 있도록 천천히, 내가 쓴 호흡 그대로 읽어주었다. 그날 밤 얼마나 행복했는지. 라디오에 사연을 보내놓고 그 사연과 함께 신청곡이 들려오길 오매불망 기다리던 90년대 여중생이 된 기분이었다. 라디오를 같이 듣던 친구들은 다들 자라서 각자 어디론가 가버리고 없는데, 나만 그 시간, 그 자리에 멈춰 있는 것 같기도 했다. 다행히도 누군가 그 방송에서 내 이름을 들었다고 전해주어 은밀한 동질감을 느끼며 안도했다. 선물로 받은 김승옥 전집은 지금도 잘 갖고 있다.

시간이 흐르는 사이 해명되지 않은 거짓말은 진실이 되어버리기도 한다. 진실이라는 것은 어떤 사건이 벌어진 당시의 상황이 아니라 그것을 두고두고 복기하는 삶 속에서 자연스럽게 배어 나오는 것이라고 생각했다.
- 2013년 8월, 베른하르트 슐링크의 《여름 거짓말》을 읽고 쓴 글 중에서

글쎄, 이 무뎌진 감정이 다행인지
불행인지는 모르겠다. 실패한 것은 맞지만
어쨌든 나는 살아가야 하니까, 세상과 적당히
합의한 결과가 아니었을까 생각해본다.

과거가 미래가 되는
시간의 역학 관계

백민석 《장원의 심부름꾼 소년》 2001년 출간
성균관대학교 학술정보관 2013년 12월 대출

질투, 라는 말의 뜻을 알기도 전에 가장 처음으로 누군가를 질투했던 적이 언제였을까.
동경, 이라는 말의 뜻을 알기도 전에 가장 처음으로 누군가를 동경했던 적은?
그런 생각을 하게 한다.
가난, 한 줄도 모르고 나는 가난을 겪은 것 같다.
- 2013년 12월 3일 일기 중에서

 백민석의 소설집 《장원의 심부름꾼 소년》을 읽고 쓴 일기가 오래된 내 블로그에 남아 있었다. 다시 발견했을 때 나는 무척 기뻤다. 지우지 않고 그대로 놔둔 과거의 나에게 고맙다고 말하고 싶었다.

 이 책을 알게 된 당시 나는 성균관대학교 부속 사서교육원에서 준사서 과정을 밟고 있었으므로 대학도서관에서 어렵지 않게 책을 빌릴 수 있었다.

 성균관대학교는 4호선 혜화역에 있었고 '대학로'라고도 불리는 그곳에 중고등학교 시절부터 친구들과 자주 놀러 다녔다. 동숭아트센터에서 하는 해외 영화제에 종종 갔었고 소극장에서 하는 연극도 보러 다녔다.

 고등학교 친구 중에 연극영화학과 진학을 준비하는 아이가 있어서 함께 연극도 보고 대본도 읽어보고 연극하는 사람들을 만나기도 했다. 그때 처음으로 희곡이나 시나리오를 쓰는 것도 재밌겠다는 생각을 했었는데 스무 살에 예술대학 극작과 입시에서 떨어진 이후로 그 꿈은 저만치 멀어졌다.

대학을 졸업한 이후에 다른 이유로 대학로를 내 집 드나들 듯 했다. 정확히 말하자면 집이 아니라 '회사 드나들 듯'이었다. 당시에 나는 다니던 회사를 돌연 그만두었는데 돌연 그만두었기 때문에 부모님한테는 말씀을 드리지 못하고 한 달여간을 회사에 출근하는 척 했다. 일했던 곳은 부부가 운영하는 작은 출판사였다. 편집자는 나와 사장 부인(당연히 '사모님'이라고 불렀다.) 둘뿐이었는데 내가 1교를 보고 넘긴 원고를 사장 부인이 다 고쳐놓고, 다음번엔 그걸 참고해서 교정을 보면 또 사장 부인이 다르게 고쳐놓았다. 기준도 없고 기운만 빠져서 막판에 성질을 부렸더니 버릇이 없다나 뭐라나…….

지금 생각하면 일을 그만뒀다고 해서 뭐라고 하실 부모님도 아닌데 왜 굳이 거짓말을 했을까 싶지만 그땐 그냥 부끄러웠다. 모든 게 다 부끄러웠던 시절, 가족한테도 숨기는 게 많았다. 나는 매일 아침마다 출근 시간에 맞춰 가방을 들고 밖으로 나와 대학로까지 걸어갔다. 당시엔 집이 동대문이어서 걸어서도 충분히 갈 수 있었(지만 한여름이었고 손에는 15인치 노트북을 들고 있어서 좀 힘들었)다. 가서는 아침부터 여는 프렌차이즈 카페에 앉아 저녁 여섯 시까지 글을 쓰거나 그냥 혼자 멍하니 있었다. 전자와 후자의 비율은 아마도 3대7 정도 되지 않을까 싶다. 그러다 심심하면 짐을 챙기고는 인사동 정독도서관까지 걸어갔다. 대학로에서 인사동까지도 역시 걸어서 충분히 갈 수 있었(지만 밥도 제대로 챙겨 먹지 않아 가끔 어지럽고 다리 아프기도 했)다. 정독도서관 식당에서 종종 먹었던 카레밥은 양도 푸짐했고 맛도 있었다.

그때로부터 다시 몇 년이 지나 사서가 되겠다는 꿈을 안고 찾아간 대학로는 놀랍게도 그 시절과 크게 달라진 것이 없어 보였다. 하지만 그럴 리가 없다. 상권이 자리 잡은 여느 장소들처럼 많은 것이 변했겠지만 내가, 내 마음이 신입생으로 돌아갔으니 뭐가 제대로 보이겠는가. 나는 개론서와 입문서가 든 가방을 메고 혜화역에 도착하는 스쿨버스에 올라탔다. 모른 척 대학생 사이에 끼어 식당 밥도 먹고 도서관도 가고 벤치에 앉아 다른 대학생 구경도 했다. 나도 남녀공학을 다녔으면 좀 더 다채로운 대학생활을 할 수 있었을까?

같은 생각을 하며. 조별 과제를 하기 위해 동기들과 머리를 모으기도 했고, 중간고사와 기말고사 기간에는 없는 시간을 쪼개가며 공부를 했다. 다시 스무 살로 돌아간 기분이었다.

성균관대학교 학술정보관 홈페이지에 들어가 보니 내가 빌려보았던 책은 4층 국내 자료실에 꽂혀 있었던 모양이다. 자료실 이름은 기억나지 않지만 대학 도서관 특유의 (우리나라 도서관이 대부분 그렇긴 하지만) 새하얗게 밝은 빛 아래서 그렇게나 많은 학생들이 숨소리조차 내지 않은 채 가득 했던 비현실적인 풍경이 떠오른다.

책은 원래 자리가 아닌 다른 서가에 꽂혀 있었다. 어떻게 이런 것까지 기억하냐면 당시 이 책이 원래 자리가 아닌 엉뚱한 곳에 꽂혀 있었다고 어딘가에 적어놓았기 때문이다. 별 것 아닌 사소한 기록이 오래된 기억에 동력을 부여한다. 나의 경우는 이 책을 반드시 찾아야겠다고 기를 쓰고 서가를 뒤졌기 때문에 발견할 수 있었지만 어떤 이는 평생을 찾지 못할 수도 있다. 그게 잘못 꽂힌 도서관 책의 운명이다. 그러니까 '보신 책은 제 자리에.'

책을 빌려 와서는 아마도 그날 혹은 그 이튿날을

넘기지 않고 다 읽었을 것이다. 2013년 12월이라면 사서교육원 과정 중 막바지였고 마지막 기말고사를 앞둔 때였다. 동기 중에는 '사서 e마을'(사서직 취업 커뮤니티)이나 교육청 사이트를 드나들며 일자리를 미리 알아보는 이들도 적잖게 있었고 벌써 면접을 보았다는 사람, 언제부터 일하기로 했다는 사람, 이미 일하고 있는 사람도 있었다. 나 역시 몇 군데 알아보았고 면접도 보았지만 연락이 오는 곳은 없었다.

당시에 썼던 일기들을 다시 읽어 보니 그때의 내 모습과 오랜만에 조우할 수 있었다. 기말고사 준비와 함께 도서관 자리를 알아보러 다니면서도 여느 해와 다름없이 신춘문예를 준비하고 있었다. 하지만 여느 해와는 조금 달랐다. 관성에 의한 투고라는 것을 스스로가 잘 알고 있었고, 여기에는 커다란 기대나 희망이 없었다. 그렇다고 대단히 실망하거나 절망하지도 않았다. 오랜 소설 쓰기로 나 자신을 객관화하는 것에는 충분히 단련되어 있었으니까. 글쎄, 이 무뎌진 감정이 다행인지 불행인지는 모르겠다. 실패한 것은 맞지만 어쨌든 나는 살아가야 하니까, 세상과 적당히 합의한 결과가 아니었을까 생각해본다. 딱 그 시기에 백민석의 자전소설 〈이 친구를 보라〉를 만났다.

살아 있는 거위를 본 적이 없다는 말로 시작하는 이 소설에서 화자는 어느덧 스물일곱의 소설가가 된 작가 자신이다. 소설 속에서 작가는 실제로 발표한 적이 있는 장편소설의 원고를 쓰던 중이었고, 스승을 찾아준다는 신문 공고를 보고 초등학교 담임 선생님을 찾아 연락을 하면서 과거의 기억을 더듬어 나간다. 그러니까 초등학교 오학년, 거위가 등장하는 연극을 준비하며 겪었던 슬픔과 고단함에 대한 이야기에서 이 소설 속의 소설이 시작된다.

학급 반장이었던 소년은 거위가 등장하는 연극에 거위를 준비할 돈이 없어 백 원으로 핫도그 두 개를 산다. 극 중간에 거위 요리를 먹어야 하는 장면이 있는데 핫도그 두 개로 거위의 다리를 베어 먹는 장면을 얼추 그려낼 수 있겠다는 심산이었다. 하지만 소년이 준비한 핫도그가 있어야 할 곳에는 다른 아이의 학부모가 사 온 전기구이 통닭이 대신 놓였고 연극이 진행되는 동안 차갑게 식었을 핫도그는 교실 창밖으로 버려지고 만다. 연극이 끝나고 전기구이 통닭이 다른 통닭들과 함께 교무실로 옮겨지는 모습을 바라본 소년은 열두 살 이전에는 미처 알지 못했던 것을 깨닫게 된다.

하나, 연극에 필요한 건 핫도그가 아니라 전기구이 통닭이라는 것.

둘, 전기구이 통닭과 함께 있을 때 자신의 핫도그는 얼마나 초라하고 부끄러운 것이었는지를.

셋, 자신은 반장이면서도 전기구이 통닭은커녕 핫도그 두 개도 할머니에게 백 원을 받아 겨우 구했으며, 돌이켜보니 소풍 때 선생님 김밥도 싸드리지 못했다는 것.

넷, 그러니까 자기는 반장을 하면 안 되겠다는 것. 1980년대에 학교를 다녔던 가난한 소년이 인생의 쓴맛을 느끼기에는 충분한 사건이었고, 이때만 해도 김영란법 같은 건 요원했을 것이다.

소년은 아이들과 선생님까지 돌보는 엄중한 책임을 맡는 반장을 내려놓고 자신이 할 수 있는 일을 찾았다. 신문 배달이었다. 일하면 월급이 나왔고 일을 하기 때문에 집에서 빈둥대지 않아도 되었다. 학교에 다니지 않는 또래 아이들을 만났고 음악 감상이라는 취미도 생겼다. 중학교 담임 선생님은 소년에게 건강이 별로 좋지 않은 것 같다며 걱정을 한다. 운동은 하느냐는 질문에 소년은 신문 배달을 한다고 말한다. 하루 두세 시간씩 뛰어다니니 다리와 심장만큼은 튼튼

할 거라고 생각했다. 이런 소년에게 선생님이 답한다. "운동하고 노동하고는 다른 거야."

크리스마스와 연말 즈음에 신문보급소에서 선물 상자를 받은 일화도 들려준다. 빨간 내복이 담긴 상자를 들고 모두가 들떠서 와자지껄했던 그날의 풍경을 아직도 기억하는 것은 선물 때문이 아니라 한자리에 모인 사람들 때문이었다고 회상한다. 크리스마스 같은 날에 한자리에 모일 수 있는 사람들. 소년에게도, 그때 소년의 주변에 함께 있었던 이들에게도 건강만큼이나 소속감은 중요했다. 소설가가 된 이후에는 책에 대한 기사가 실린 신문을 보다가 이런 생각을 하기도 한다. '어? 이건 내가 돌렸던 건데……'

이다음 부분은 읽으면서 정말로 가슴이 아팠던, 사무치게 슬펐던 장면이다. 내가 기억하는 한 지금까지 읽은 모든 책의 가장 슬픈 장면을 모아도 여기에는 비할 수 없다. 바로 소년을 키운 할머니의 죽음이다. 이 부분은 내가 말로써 설명하는 일이 조심스럽다. 하긴 모든 좋은 책의 좋은 구절이 그렇듯 작가가 쓴 문장을 직접 보여주는 것 말고는 방법이 없다. 하지만 이건 더 특별하다. 단순하게 '좋은 책' 혹은 '좋은 구절' 정도로 표현해선 안 될 것 같다. 누군가에게는 아픈 기억이 다른 사람에겐 어떻게 좋은 책의 좋은 구절이 될 수 있단 말인가. 하지만 우리는 많은 기록에서 타인의 아픔을 그렇게 느끼고 받아들인다. 그 문장을 처음으로 세상에 내보냈을 사람의 마음을 다 헤아리지도 못한 채 말이다.

아마도 이 감정은 처음부터 이 소설이 자전적인 이야기를 담고 있다는 점을 알고 읽었기 때문에 발아했을 것이다. 소설은 소설인데 자전소설이라니. 아무리 뒤집어 보고 바로 보아도 방점이 찍혀 있는 곳은 '소설'이 아니라 '자전'인 것만 같은, 그러니 소설보다는 에세이로 보아도 될 것 같은 이 모호한 글에는 확실히 여느 소설과 다른 묘한 매력이 있다. 작가 스스로의 목소리와 톤으로 자신의 인생에 어떤 희극과 비극이 지나갔는지 그대로 보여준다.

여기서 중요한 것은 작가가 어떤 삶을 살았느냐가 아니라 그 삶을 어떤 식으로 기술했느냐이다. 어떤 문장으로, 어떤 순서와 강도로, 어떤 자세로, 어떤 감정을 실어서 기술했느냐. 그리고 그의 방식은 이 소설을 맨 처음 읽었던 2013년 겨울과 두 번째로 읽은 2018년 여름, 두 시기의 나에게 모두 잘 맞아 들었다. 할머니가 돌아가시는 장면을 읽으면서 나는 2013년 추운 겨울날 왕십리의 작은 방 안에서 느꼈던 것과 동일한 슬픔을 2018년 여름 중에서도 가장 더운 날 에어컨 바람을 쐬기 위해 들어간 망원동의 소란스러운 카페에서도 고스란히 느낄 수 있었다.

  2018년 여름, 나는 마포구의 작은 책방인 이후북스에서 다른 두 명의 작가와 함께 '독립출판 글쓰기'라는 워크숍을 진행했다. 모두 6주 과정이었고 세 명이 이 주씩 번갈아 맡았다. 한번 해보지 않겠느냐는 제의를 받은 것은 내가 아직 도서관에서 근무하고 있을 때였다. 주말마다 일정한 시간을 내는 것이 여의치 않아 제의를 거절하면서 내가 만약 도서관을 그만두게 된다면 꼭 하고 싶다고 답을 보냈다. 그리고 한 달 뒤에 정말로 도서관을 그만두었다. 물론 워크숍 때문에 그만둔 것은 아니었지만 나는 거절 답신을 보내면서도 언젠가는 도서관을 그만두리라는 것을 알고 있었다.

  워크숍의 주제는 마음대로 정해도 되었지만 나는 생각할 수 있는 여러 가지 중 그래도 내가 해줄 말이 있는 두 개의 주제로 수업을 준비했다. 하나는 매일 글쓰기, 또 하나는 현실과 픽션의 경계에서 글쓰기이다. 다른 건 몰라도 어쨌든 '매일' 쓰고 있으니까. 또 내가 쓰는 글은 언제나 '현실과 픽션의 경계'에 있으니까. 하여 이 두 가지에 대해서만큼은 잘 알려줄 수 있을 것 같았는데 역시 워크숍은 처음이라 다 끝나고 나서야 하고 싶은 말, 하지 못한 말들이 줄줄 생각났다.

모든 글쓰기가 자세히 들여다보면 현실과 픽션 사이에 있다. 완전한 현실도, 완전한 허구도 없다. 글을 쓰는 개인의 인격과 경험과 속한 사회가 완전히 제거된 글쓰기. 그런 글쓰기가 가능할 수 있을까? 있다면 그걸 무슨 재미로 읽을까? 잘 모르겠다. 수업 전에 참여자들에게 과제를 내주었는데 같은 제목으로 에세이와 소설을 각각 한 편씩 써오는 것이었다. 결과는 흥미로웠다. 과제로 제출한 글 중 어떤 것이 소설이고 어떤 것이 에세이인지 구별이 되지 않았다. 묘사가 풍성하고 캐릭터가 분명한 글일수록 경계는 모호했다. 쓰는 사람만이 알겠지만 우리는 누구 하나 서로에게 일부러 묻거나 알려주지 않았다. 에세이든 소설이든, 중요한 것은 그게 아니었다. 이 글이 나에게 좋은가 아닌가, 나를 빠져들게 하는가 아닌가, 중요한 것은 그뿐이다.

집에 있는 《장원의 심부름꾼 소년》은 2001년 판

이다. 결혼 전에 남편이 중고서점에서 구입한 것이다. 2001년 여름에 쓴 작가 후기도 그대로다. 책은 거의 새 것이었다. 이 글을 쓰기 위해 다시 읽는 동안 남편이 밑줄 쳐 놓은 곳이 눈에 들어왔다. 작가의 글을 읽으면서 동시에 남편의 마음속도 들여다보는 기분이었다.

〈이 친구를 보라〉덕에 작가의 인생 중 한 시기를 엿보게 된 나는 서가에 꽂혀 있던 작가의 다른 책이자 첫 번째 단편집 《16믿거나말거나박물지》를 꺼내보았다. 책날개에는 작가의 데뷔 초 모습이라 짐작되는 사진이 있었다. 스물일곱의 작가는 어딘지 반항적인 모습이었다. 그러니까 그 소년이 자라서 네가 되었구나. 그런 생각을 하며 몇 장을 더 넘기자 작가의 헌사가 나왔다. 나는 거기서 오래 멈추었다.

〈이 친구를 보라〉에서 내가 차마 설명하지 못한 부분은 소년의 할머니가 돌아가시는 장면이었다. 1997년, 할머니가 돌아가셨을 때 그는 영안실에 모여 있던 수백 명의 슬픈 사람들 가운데 가장 크게 울었다. 그날 그가 잃은 것은 부모나 친구가 아니라 자신의 과거였다. 그는 자신의 과거를 증명해줄 유일한 인물을 잃어버렸다고 생각했다. 그에겐 이 세상 통틀어 할머니뿐이었다. 할머니가 돌아가시기 얼마 전 그는 눈꺼풀만 겨우 움직일 수 있는 할머니에게 곧 단편집이 나올 테니 그때까지만 살아 달라고 부탁했다. 그는 헌사에 넣을 말을 고르면서 자신의 책을 가장 먼저 안겨 드리고 싶은 사람을 떠올리는 데에 단 일 초도 걸리지 않았을 것이다. 마침내 책이 나오는 날 할머니는 돌아가셨다.

2018년 8월 내가 서가에서 꺼내든 《16믿거나말거나박물지》의 헌사에는 '미래라는 걸 물려준 할머니께'라고 적혀 있었다. 그의 과거를 증명해줄 유일한 존재는 그에게 미래를 선물해준 사람이기도 했던 것이다.

과거가 미래가 되는 시간의 기이한 역학 관계. 다시 이 글의 처음으로 돌아가 본다. 《장원의 심부름꾼 소년》을 읽고 나는 질투와 동경과 가난이라는 단어를 떠올렸다. 그리고 그 단어의 뜻을 채 알기도 전에 먼저 체득해버린 어린 기억들이 생각났다. 나 역시 소년만큼이나 가난했고, 선생님은 가난한 학생을 별로 좋아하지 않았으며, 혹시라도 그럴까 봐 가난한 부모는 학년이 바뀔 때마다 이것저것을 싸 들고 학교에 찾아왔다. 어릴 때 나는 그게 어떤 의미였는지 몰랐다. 내가 아는 것은 부모가 싸들고 온 물건들이 내 눈에도 보잘것없었다는 점이다. 비닐과 테이프, 각종 포장지

들……. 모두 아버지 가게에서 아버지가 팔았던 물건이었다. 이만큼이나 시간이 흘렀는데 어느 날 느닷없이 오래된 나의 과거가 눈앞에 보란 듯이 펼쳐진다. 활자들과 함께 문장과 행간을 자유롭게 유영하는 시간여행, 이것은 독서가 내게 주는 가장 커다란 기쁨이자 슬픔이다.

글을 쓰면서 나는 끊어진 관계를
이어 붙여 보기도 하고 몹시도 마음 쓰이고
후회되는 시공간으로 돌아가 처음부터
다시 시작해보기도 한다. 하지만 답을
구하는 일은 조금 뒤로 미루어도 될 것 같다.

계속해서
이해해 나가는 중

앤드루 포티 《빛과 물질에 관한 이론》 2013년 출간
2013년 6월 구입

아마도 다른 책을 찾던 중이었을 것이다. 서가에 이중 삼중으로 꽂아놓은 책들에는 별다른 규칙이 없었다. 필요한 책이 어디에 있는지, 있기는 한지 불확실한 상황에서 일단 뒤져봐야 했다. 더 이상 집에 책을 들여놓지 말자고 남편에게 말한 건 그 이유였다. 책이 많아서라기보단 집이 비좁아서였다.

의자에 올라간 채 책 더미를 들쳐 올리며 다른 책을 찾던 중에 영어 원서 한 권이 보였다. 해 질 무렵의 푸른빛 하늘 위로 크고 둥근 달이 떠 있는 표지의 책 제목은 'The Theory of Light and Matter'였다. 달 아래로 지붕 윗부분이 살짝 보이는데 달이 맞나 싶을 정도로 환하고 선명해서 꼭 달이 아닌 것 같지만 해 질 무렵의 하늘이란 원래 대낮보다 더 짙고 선명하다는 걸 알기에 달이라고 우겨본다. 의자에 발을 딛고 서서 한참 동안 그 책을 들여다보고 난 뒤 나는 표적을 바꾸어 이 책의 번역서, 그러니까 앤드루 포터의 《빛과 물질에 관한 이론》을 찾아 다시 헤매기 시작했다.

책을 발견한 곳은 빨래 건조대와 실내용 자전거만으로 꽉 찬 작은 방 서가 한쪽이었다. 먼지를 잔뜩 머금은 채 오랫동안 묵묵히 이곳에 있었을 서가의 책들을 보니 이 방의 주인이 어느덧 책이 아니라 빨래 건

조대와 실내용 자전거라는 것이 미안해졌다. 한 번 사면 평생 사용한다는 홈쇼핑 광고에 혹해 산 빨래 건조대는 공간은 있는 대로 차지하면서 벌써부터 삐꺽대는 게 해체되기 일보 직전이다. 운동 좀 해보자고 산 실내용 자전거 역시 사 놓고 후회하려던 참에 무릎이 아픈 남편의 재활 치료 역할을 하고 있어 다행이면서도 바라보면 그저 안쓰러운 상황이다. 아무튼 주인의 관심 대신 땀과 섬유유연제 냄새를 벗 삼은 채 오랜 시간 얌전히 기다려왔을 그 책을 집어 들고 책상 위에 앉은 시각은 새벽 두 시.

이 책을 처음 알게 된 것은 〈김영하의 책 읽는 시간〉 덕분이었다. 김영하 작가가 고른 책을 직접 읽어주는 팟캐스트다. 2010년 1월 29일에 미시마 유키오의 《금각사》를 첫 회로 지금까지 67회 방송되었다. 마지막 방송이 2017년 6월이라 텀이 조금 길기는 하지만 애초에 정해진 일정 없이 작가가 하고 싶을 때 하는 방송이라서 언젠가는 하겠지, 하는 마음으로 별로 기다리지도 않고 있다. 《빛과 물질에 관한 이론》을 소개한 48회는 2013년 3월 8일에 방송되었다.

김영하 작가는 여기서 이 책의 표제작인 단편 〈빛

과 물질에 관한 이론〉을 처음부터 끝까지 다 읽어주었다. 왜 이 책을 골랐는지, 책이나 작가에 대한 부연 설명 없이 작품만 통째로 다 읽었다. 이 방송을 들은 사람들의 반응은 폭발적이었다. (문학에서 폭발적인 반응이라는 게 존재하는지는 모르겠지만 그냥 이런 문장을 한 번 써보고 싶었다.) 당시 이 책은 절판되었는데 방송을 들은 청취자들의 요청으로 다시 출간되었다. 재출간을 요청한 청취자 중에는 나도 있었다.

책을 읽지도 않고 그저 누군가 읽어주는 목소리만 들었는데도 그 책을 당장 읽고 싶은 마음, 문장으로 가슴에 담고 싶은 마음을 그때 처음 경험했다. 아마 다른 사람들의 마음도 그랬을 거라고 생각하니 기쁨과 감동은 몇 배로 늘어났다. 한 작가의 혜안과, 사람들의 관심과, 출판사의 노력으로 이 책은 드라마처럼 내 손에 들어왔다. 책에는 작가가 읽어준 작품 외에도 아홉 편의 단편이 수록돼 있었다.

2013년 당시 이 책을 얼마나 열정적으로 읽었는지 책에는 연필로 그은 밑줄과 메모가 가득했다. 연필만으로는 부족했을까. 중간중간 형광펜으로 표시해놓은 부분도 있었다. 그리고 이것만으로도 도무지 성에 차지 않았던지 나는 작가가 실제로 사용했을 단어와 문장을 알고 싶어 원서까지 사놓았다.

 이 책은 지금 다시 절판됐다. 선풍적인 인기를 끌었던 때가 (역시 문학에 선풍적인 인기라는 게 있을까 싶지마는.) 벌써 5년 전이니 책을 사볼 만한 사람들은 이미 나처럼 한 권씩 가지고 있을 것이다. 그리고 나처럼 5년 동안 어딘가에 묵혀 두었으려나. 어떤 책이 절판되지 않고 꾸준히 나오려면 그 책을 지속적으로 찾는 사람들이 있어야 하는데, 그러려면 김영하 작가가 그랬던 것처럼 누군가의 호명 또한 끊임없이 이어져야 한다.

 〈빛과 물질에 관한 이론〉은 이렇게 시작한다. 물리학 시험이 끝났을 때 로버트 교수가 나를 부른다. 어려운 방정식 문제 앞에서 많은 학생들이 다 포기하고 나간 상태였다. 마지막까지 남아 문제를 풀고 있는 나에게 로버트는 "헤더, 펜을 내려놓아요.(Heather, Please put down your pen.)"라고 말한다. 그리고는 같이 차 한잔하겠냐고 묻는다. "괜찮아요, 거절해도 상처받지 않을 테니.(It's okay, I won't be hurt if you say no.)"

 나는 말한다. "아니에요. 마시고 싶어요, 차.(No,

I'd like to have some tea.)"•

이야기는 그날 시험을 마치고 로버트와 함께 처음으로 그의 집에서 차를 마신 나, 헤더의 십 년 뒤의 시점으로 그려지고 있다. 지금의 시점에서 먼 과거를 회상하며 쓰는 글이었다. 십 년이 지나도 생각나는 그날의 이야기들은 현재보다 오히려 더 생생하게 살아 있다. 이 이야기가 마음에 든 것은 이 시점과 거리 때문이기도 했다.

그날 로버트의 간소하고 쓸쓸해 보이는 방 안에서 차를 마시며 둘의 대화는 이어진다. 시험 결과를 궁금해하는 제자에게 교수는 자신도 그 방정식을 완성하는 데에 일 년이 걸렸다고 고백한다. 그렇다면 왜 그런 문제를 냈느냐고 묻자 로버트가 답한다.

"자만심은 물리학자에게 가장 큰 방해 요인이지요. 뭔가를 이해한다고 생각하는 순간, 모든 발견의 기회를 없애버리게 되니까요. 헤더는 풀이를 제출한 유일한 학생이에요. 그것이 시험이었어요. 헤더는 통과했고.(Arrogance is a physicist's greatest hindrance. As soon as you think you understand something, you eliminate any opportunity for discovery. You were the only one who handed it in. That was the test.

And you passed.)"

"그럼 이제 저는 A를 받게 되나요?(Do I get an A then?)"

"아뇨. 차를 좀 얻어 마시게 되지요.(No. You get some tea.)"•

영어 원문을 함께 표기한 것은 '작가가 실제로 사용한 단어와 문장은 과연 어떤 것이었을까?' 하는 궁금증의 답을 이 글에서도 나누고 싶기 때문이다. 게다가 초반에 나오는 이 대화는 두 인물의 캐릭터는 물론 작품 전체의 분위기까지 알려주고 있어, 나는 좀 더 느긋하게, 천천히, 가능하면 두 언어로 섬세하게 이 대화를 보여주고 싶었다. 여건이 된다면 당신도 지금의 나처럼 두 개의 문장, 그러니까 번역된 문장과 원문을 소리 내어 읽어보기를 권한다. 이건 새로운 경험이다. 둘의 대화이기도 하니 가급적이면 정말로 대화를 하는 것처럼 말하듯 읽어보라. 사랑에 빠지기 시작하려는 두 사람의 심장을 느껴보라.

첫 만남에서 편안함을 느낀 두 사람은 이들만의 비

• 앤드루 포터, 《빛과 물질에 관한 이론 The Theory of Light and Matter》, 21세기북스, 2013.

공식적인 물리학 연구 모임을 갖는다. 젊은 날의 모습은 거의 사라진 노쇠한 종신교수와 젊은 대학생의 만남은 밀회처럼 보일 수 있었지만, 헤더가 자신의 젊은 연인에게는 둘의 만남을 비밀로 했으니 밀회가 아닌 것은 아니었지만, 둘은 만나면 오랫동안 순수하게 물리학에 관한 이야기만 나눴다. 헤더는 연인과의 관계가 깊어지는 와중에도 로버트와의 만남을 지속했다. 헤더가 느끼기에 그 둘은 매우 달랐다. 젊고 잘생기고 고집이 세며 자신을 엄청난 힘과 속도로 사랑하고 있는 젊은 연인에게서 헤더는 두려움을 느끼면서도 언젠가 자신이 결혼을 하게 된다면 상대는 이 사람일 거라고 막연히 추측한다. 한편 로버트와의 만남이 잦아지면서 물리학을 벗어나 각자의 지나온 삶에 대한 이야기를 하는 동안에는 젊은 연인에게서는 느낄 수 없었던 아득한 편안함과 무해한 사랑을 경험한다.

처음 이 책의 제목을 보았을 때, 그리고 내용을 읽었을 때, 내용과 제목의 연관성을 골똘히 생각해보지 않을 수 없었다. 빛과 물질이라니. 이론이라니. 단지 등장인물이 물리학 교수와 학생이라는 점 말고 무엇을 연결 지어 생각할 수 있을까. 답은 내가 찾아야 했다.

당시에도 이런 고민이 있었는지 책에는 제목에 대한 내 나름의 추측이 연필로 낙서되어 있었다.

'빛→물질. 그게 거기 있다는 것은 빛이 있어야만 가능.'

그때 나는 빛과 물질의 관계를 저렇게 상정하고 추측해 나갔던 모양이다. 빛이 있어야 물질이 거기 있는지 확인할 수 있듯 사랑이 있어야……. 빛=사랑, 뭐 그런 생각이었을까?

책 뒤쪽에 수록된 옮긴이의 말에서 '빛과 물질에 관한 이상한 이론(The Stranger Theory of Light and Matter)'이라는 것을 알게 되었다. 미국의 물리학자 리처드 파인만이 쓴 책의 부제이기도 하다. 국내에는 《일반인을 위한 파인만의 QED 강의》로 번역 출간되었다. 옮긴이가 설명해놓은 내용이 너무 짧아서 검색을 좀 더 해보았다. 이런저런 것들이 마구 쏟아져 나왔고 내가 알아들을 수 있는 말은 거의 없었지만, 이해한 만큼만 정리해보자면 이렇다. (혹시라도 이 글을 읽는 사람 중에 물리학도가 있다면 잠시 귀 기울여주시고 제가 잘못 이해한 부분이 있다면 지적해주시기 바랍니다.)

뉴턴의 고전역학에서 모든 운동 에너지는 위치와

속도만으로 예측이 가능했다. 여기까진 우리(문과반)도 고등학교 때 배운 것. 여기서 잠깐! 아주 작은 원자 안에서 발생하는 운동까지도 예측할 수 있을까? 양자역학이란 이처럼 미시세계의 운동 에너지를 말한다.

학자들은 빛을 통해 이를 검증해보기로 했다. 바로 '빛과 물질에 관한 실험'이다. 원자들의 상태를 조절하여 빛을 방출하도록 하고 이를 감지하는 장치를 준비했다. 실험 결과는 모두를 놀라게 했다. 처음에는 하나의 입자였던 빛이 측정 시점에서 파동을 그리며 예측 불가능한 형태로 바뀐 것이다. 이 실험을 통해 빛은 입자이면서 동시에 파동이며 평소에는 두 가지 중첩된 상태였다가 우리가 측정하는 즉시 하나의 상태로 결정된다는 것을 알게 되었다.

이게 무슨 말인가? 좀 더 쉽게 말하자면 이렇다. 바구니 두 개가 있다. A에는 슈크림빵이 들어 있고 B에는 삼각김밥이 들어 있다. 뚜껑이 덮여 있기 때문에 우리는 각각에 무엇이 들어 있는지 알 수 없다. 이 상태를 고전역학적으로 바라본다면 뚜껑을 열어보지 않아도 A에는 슈크림빵이, B에는 삼각김밥이 들어 있다고 예측할 수 있다. 혹은 그 반대이거나. 어쨌든 한 바구니에는 하나만 있는 것이다. 그러나 양자역학적으로 바라본다면, 뚜껑을 열어보기 전까지는 아무도 예측할 수 없기 때문에 A와 B 모두에 슈크림빵과 삼각김밥이 중첩된 상태로 들어 있다. 그러다가 뚜껑을 열어서 안을 들여다보는 순간 둘 중 하나의 모습이 나타나는 것이다. 음, 우리가 알던 물리학이 맞나 싶기도 하고, 이거 약간 순간이동이나 평행우주 같기도 하고, 기분이 묘해지는 순간이다.

어떤 것이 거기 있고 없고는 우리의 관측에 따라 결정된다. 우리가 보는 것은 대상의 중첩된 여러 모습 중 하나이며, 보기 전까지는 아무도 그것을 예측할 수 없다.

내가 이해할 수 없는 부분은 이런 결론이 나와 버린 마당에 과연 물리학자들이 무엇을 기준으로 연구를 지속할 수 있을까 하는 거다. 만물의 기본 원리를 찾는 것이 물리학인데, 과연 인간의 눈으로 어디까지 찾아낼 수 있으며, 결과를 알 수 없는 가운데서도 끝까지 찾아내야 하는 게 연구자들의 과제라면……. 와, 내가 이런 걸 고등학교 때 진작 궁금해했으면 이과를 선택했겠지, 하는 생각에 이르자 문득 어떤 기억이 스쳐 지나갔다.

오래전에 온라인 서점 아르바이트를 하면서 신간

을 많이 접했던 때가 있었다. 그때 내 손에 들어온 책 중에 《파인만의 물리학 강의》 3편 '양자역학'이 있었다. 한 손으로 다 잡힐까 말까 한 정도의 두께에 판형도 커서 그 위대한 장정에 놀란 채 몇 번이나 책을 만지고 넘겨보았다. 소개글을 써야 하는데 어떻게 쓰지? 머릿속은 복잡했다. 보도자료를 참고해서 겨우 몇 줄을 채웠을 테고, 그때의 솔직한 심정은 늘 그랬듯 개인 블로그에 써서 책 사진과 함께 올렸다.

(…) 고등학교는 문과였고, 대학에선 문학을 전공했다. 알고 지내는 사람들 대부분이 나와 비슷하다.
가끔 이런 생각을 해본다. 물리학도 남자랑 사귀면 어떤 기분일까? 공식에 맞춰 해를 구하듯이 내 행동을 해석하고, 이러저러한 결과를 토대로 다음 행동을 예측할까? 만약 예측에서 벗어난다면 오차의 한계를 줄이기 위한 노력을 하겠지? 그래도 안 된다면 결국에는 불확정성의 원리 운운하면서 그냥 내버려두겠지. 불확정성의 원리라는 건 정확하게 측정하려 할수록 대상의 정확한 값을 알 수 없다는 논리. 이런 논리도 세상에 있었구나. 역시 이 책을 통해서 알게 된 사실이다. (…)
- 지금은 사용하지 않는 블로그 글 중에서

두 달 뒤 누군가 댓글을 달았는데 자신의 남편이 물리학자이자 이 책의 번역자라고 했다. (세상에!) 남편에게 내가 쓴 글을 보여주었는데, 그러자 남편이 이런 사람(나 같은 사람?)이 한국에 많아져야 한다고 말했다는 것이다. 물리학자 남자친구(지금의 남편)도 평상시에는 별반 다르지 않다는 것과 어떤 사물을 바라볼 때 다른 사람들보다는 분석적으로 본다는 말까지 해주었다. 신기하면서도 창피했다. 물리학도 남자랑 사귀면 어떤 기분일까 혼자 상상하다니. 엉큼하고 변태 같았다. 하지만 역시 누군가 내 글을 읽고 답을 주었다는 점에서는 기분 좋았다. 번역자의 아내와, 번역자, 그리고 리차드 파인만 씨께 감사를.

블로그에는 《파인만의 물리학 강의》 3편 중에서 '이해한다는 것'의 의미를 설명한 글이 있었다. 책에 따르면 무언가를 이해한다는 말의 진정한 의미는 이 세상을 움직이는 단 하나의 기본 규칙을 아는 것이라고 한다. 기본 규칙을 알게 된다면 앞으로 벌어질 일들도 예측할 수 있다. 예측 가능한 범주를 조금씩 넓혀 가는 것, 그게 학자들의 일이다. 하지만 그들의 숱한 노력에도 불구하고 예측은커녕 눈앞의 현실조차 제대로 이해하기 어렵다. 세상은 복잡하게 돌아간다.

이 세상을 움직이는 단 하나의 기본 규칙을 아는 것이 가능한가. 무언가를 제대로 이해한다는 것이 과연 가능한 일인가.

나는 그 글을 천천히 여러 번 읽어보았다. 소리를 내서도 읽어보고 속으로도 읽어보았다. 규칙을 이해하는 것이 곧 세계를 이해한다는 말. 한참을 생각해도 나는 그 말을 이해할 수 없었다. 어쩌면 그게 맞았다. 이해할 수 없는 게 당연했다. 그것을 이해한다는 말은 그것의 규칙을 이해한다는 말이고, 규칙을 이해하게 되면 세상을 이해하게 되는 거니까. 세상을 이해하는 일이 어디 그리 쉬운가.

나는 이 글을 다시 읽으면서 그동안 얼마나 쉽게 이해한다는 말을, 이해해달라는 말을 서로에게 했는지를 생각했다. 불가능한 시도를 왜 나와 상대에게 요구했을까. 그러나 나는 조금 더 곰곰이 생각해보지 않을 수 없었다. 그것이 불가능하다고 해서 만약 시도조차 하지 않는다면 어떻게 될까. 이해할 수 없는 게 당연하므로 이해에 관해서는 더 이상 아무것도 하지 말자. 결론이 이렇게 나버리면 정말 어떻게 될까. 교수가 칠판에 적은 문제가 너무 어려워서 시간 내에 답을 구하기란 불가능하므로 그냥 포기하고 나가버리자. 모두가 이런 식이었다면 교수는 시험이 끝나기도 전에 백지를 들고 홀로 교실을 나왔을 것이고 이 아름다운 소설은 시작되지도 않았겠지.

소설의 마지막은 다시 십 년 전으로 돌아가 헤더가 로버트의 집에 예고 없이 찾아간 어느 날을 비춰준다. 그날 헤더는 로버트와 사랑을 나눌 준비가 되어 있었다. 어떤 충동이 헤더를 그곳까지 이르게 했는지 이해할 수 있었다. 이해하고 싶었다. 로버트는 집에 없었다. 헤더는 옷을 벗고 침대에 누운 채 로버트를 기다렸다. 그 시간 동안 헤더는 로버트가 나타나는 순간을, 눈앞에 있는 자신을 바라보는 모습을 끊임없이 상상했으리라. 하지만 밤이 깊어져도 로버트는 오지 않았다. 그날 헤더는 로버트를 만나지 못했다.

예정대로였으면 그날 로버트는 같은 시간에 집에 왔어야 했다. 이전과는 다른 헤더의 모습에 로버트는 놀랄 수도 있었겠지만 지금껏 둘의 대화에서 보여준 모든 것이 사실상 '전희'에 가까웠다면 둘은 어쩌면 자연스럽게 함께 잤을 수도 있었다. 그렇지 않더라도 여느 때와 같이 대화를 할 수도 있었다. 서로가 원하는 것과 원하지 않는 것에 대해서 진지하게 이야기해볼 수도 있었다. 앞으로 맞이하게 될 것과 그들 각자의 태도에 대해서. 어쨌거나 그러려면 두 사람이 만나야 했다. 하지만 그러지 못했다. 헤더는 침대에서 일어난다. 옷을 입고 와인을 조금 따라 마시고 담배를 피우고 창밖으로 미식 축구하는 대학생들을 내려다본다. 또래였지만 어쩐지 자신이 그들보다 한참을 오래 산 사람처럼 느껴지는 기이한 순간. 헤더는 답을 구하지 못한 채 자신의 한 시절을 과거로 보내버렸다. 많은 사람들이 그렇게 과거를 만들며 성장해가듯.

이해하지 못한 채 넘어가 버린 삶의 구멍들은 모두에게 있다. 나 역시 수차례의 복기가 필요한 텅 빈 조각들을 가지고 있다. 그때의 나는, 혹은 그는 왜 그런 선택을 했을까? 누구의 책임일까? 연락이 끊긴 채 사라져버린 사람들은 다들 어디로 갔을까? 시작은 되었으나 도중에 잃어버린 관계와, 매듭짓지 못한 사연들. 실패로 끝나버린 것들……. 어쩌면 그것만이 내가 갖고 있는 유일한 재산일지도 모른다. 나만이 갖고 있고 나만이 꺼내어볼 수 있으니까. 나는 그 구멍을 채울 만한 것들을 찾기 위해 노력을 해볼 수도 있다.

글쓰기는 내게 그 시도이자 풀이 과정일 것이다. 글을 쓰면서 나는 끊어진 관계를 이어 붙여 보기도 하고 몹시도 마음 쓰이고 후회되는 시공간으로 돌아가 처음부터 다시 시작해보기도 한다. 하지만 답을 구하는 일은 조금 뒤로 미루어도 될 것 같다. 뭔가를 이해한다고 생각하는 순간 다른 발견의 기회는 사라지게 되므로, 아직까지 나는 더 많이 발견하는 쪽을 선택하고 싶으니까, 계속해서 이해해 나가는 중으로 남겨두고 싶다.

누군가 끔찍한 어려움을 겪고 있을 때
그를 도와주는 이가 딱 한 사람만 있어도
그는 끔찍함을 모면할 수 있다.
끔찍함이란 때론 외로움에서 오기 때문이다.

살갗으로 읽는
나의 성장소설

엠마뉘엘 카레르 《겨울 아이》 2001년 출간
서울여자대학교 중앙도서관 2003년 11월 대출

올여름의 엄청난 더위를 올해 겨울에도 떠올릴 수 있을까. 해마다 여름과 겨울이 돌아오는데 매번 그걸 잊는다. 잊을 수 없을 정도로 더운 여름이었다는 것을 잊어버릴 정도로, 춥고 긴 겨울이 있어서. 영상과 영하의 차이가 70도를 넘는 나라. 이런 나라에 우리는 살고 있다. 한때 오래도록 마음 쓰였던 것도 시간이 지나면 왜 그랬는지조차 잊곤 하는 내 습관성 망각에도 나름의 이유가 있는 것이다.

아직 삼십 도를 웃도는 여름의 한복판이지만 어느덧 입추가 지난 팔월 중순이기도 하다. 밤에 산책하는 사이 잠깐 비가 내렸고, 아마도 집에 있는 사람들은 비가 내린 줄도 몰랐을 거라고 생각하며 나는 그 비를 맞았다. 컵라면을 사 들고 집으로 돌아와 샤워를 했다. 젖은 머리를 선풍기 바람에 말리고 텔레비전을 보고 주스를 마시고 화장실을 더 다녀오고 나서도 아직 내 앞에 있는 책을 펼치지 못했다. 이제 이것만 쓰면 되는데. 마지막인데.

내게 열 개의 또 다른 삶을 빌려주고, 빌려 읽은 삶을 통해 새로운 삶을 살게 해준 열 권의 책. 이것이 이 글의 모티프이다. 열 권의 책을 고르는 일은 처음엔 쉬웠지만 쓰다 보니 차츰 내가 잘 고른 것인지, 놓친 책들이 더 있는 건 아닌지 뒤미처 의심이 들기 시작했다. 단순히 책이 좋아서 골랐다가도, 내가 이 책에 대해 쓸 말이 그리 많지 않다는 것을 깨닫는 순간이 있다. 좋은 책과, 할 말이 있는 책은 달랐다. 그걸 알게 된다면 욕심을 버려야 한다. 할 말이 더 많은 책들이 저 어두운 서가 뒤쪽에서 먼지를 마시며 기다리고 있을 테니. 결국 몇 권은 마지막 순간에 바뀌기도 했다. 이 책도 마지막 순간에 고른 책이었다. 그래, 너였지, 네가 있었지.

《겨울 아이》를 처음 만난 건 대학 3학년 겨울이었다. 아닐지도 모른다. 겨울이었는지 여름이었는지 봄이나 가을이었는지 정확하진 않다. 제목에 '겨울'이 들어가기 때문에 툭 튀어나온 말일지도 모르고, 대학 도서관에서 살다시피 했던 때가 마침 3학년 겨울이기도 해서 그냥 그때쯤이었을 거라고 짐작했는지도 모른다. 십팔 년 전이다. 계절이 뭐가 중요하겠는가.

그 시절의 나는 수업이 끝나면 별일 없는 한 도서관으로 갔다. 별일은 별로 없었다. 사실 도서관에서 책을 골라 읽고 글을 쓰는 게 내 인생에서 별일이라면 별일이었다. 학문적인 접근보다는 그저 좋아하는 책을 읽고 글을 쓰고 싶어서 '문예창작'을 전공으로 선택했지만, 진짜 독서와 글쓰기는 그때부터 시작된 것 같다. 좋은 작가 한 명을 발견하면 그 작가의 모든 책을 다 찾아 읽는 습성도 그때부터 생겼는데 도서관 서가의 책 배열이 저자순으로 되어 있기 때문이었다. 찾기도 쉬웠고 연결해서 읽기도 쉬웠다. 누가 알려주거나 추천도서 목록을 확인하지 않고도 스스로 독서의 범위를 확대해 나갈 수 있는 좋은 방법이었다. 그러니까 이 책을 읽게 된 것은 엠마뉘엘 카레르의 이전 소설인 《콧수염》을 먼저 읽었기 때문이고, 그 책이 너무나도 재미있어서 앞으로 나오는 이 작가의 모든 책을 찾아 읽겠다는 필사적인 결심을 했기 때문이다.

    십팔 년 전 대학도서관에서 빌려 읽은 이 책의 느낌은 지금 거의 남아 있지 않다. 분명히 한바탕 비가 내린 기억은 있지만 지금 그 비는 거의 말라버렸고 마음속 움푹 패인 한두 군데에 작게 남아 있는 물웅덩이만이 아주 오래전에 이 자리에 비가 왔었다는 사실만 보여주고 있을 뿐이다. 그 물웅덩이만으로는 아무것도 쓸 수 없었다. 그런데도 뭔가를 쓴다면 대부분 거짓말일 확률이 높기 때문에 나는 다시 이 책을 읽으려고 한다.

지금 내 앞에 있는 책은 2011년 판이고 나는 2015년에 구입했다. 2003년에 대학도서관에서 빌려보았지만 줄거리는 거의 기억나지 않는다. 그저 이 책이 내게 주었던 아련하고 아득한 어떤 것, 설명할 수 없는 애잔함 같은 것이 나로 하여금 《겨울 아이》를 다시 사보게끔 만들었다. 만약 대상이 책이 아니라 사람이었다면 힘든 시도였을 것이다. "실은 십수 년 전에 당신을 만난 적이 있었는데 그때의 기억은 거의 없지만 뭔가 아련하고 아득하고 애잔한 마음이 아직 남아 있으니 우리 다시 한번 만나보는 건 어떨까요?" 이게 되겠는가. 책은 된다. 다시 만나서, 그때 놓친 것을 확인해가며 다시 정확하게 알아가는 것 말이다.

2015년에 읽은 《겨울 아이》에 대한 기억 역시 지금 와서 기록하기는 힘든 일이지만 다행인지 그 당시 책을 읽고 쓴 짧은 리뷰가 아직도 온라인 서점에 남아 있었다. 웬만한 책은 동네 서점에서 사게 된 이후로 아이디와 비밀번호를 잊어버려 삭제도 불가능한 리뷰의 내용은 이렇다.

[마이리뷰] 겨울 아이 ★★★★★　　　　　2015-2-22
십오 년쯤 전에 처음 읽었다. 자세한 내용은 잊은 채

뭔가 아련하게 어떤 슬픈 느낌만 기억하고 있다가 지금 다시 읽었다. 덧붙이는 말…… 없음…… 과거와 조우한 기분이라는 흔한 말로는…… 그저 쓰고 싶다.

과도한 말줄임표를 굳이 썼어야 했을 당시의 마음을 헤아려 굳이 지우지 않았다. 그만큼 좋았겠지. 그만큼 설명할 방법이 없었을 테고. 덧붙이는 말 없음이라니, 솔직한 리뷰다. 좋은 책을 만나면 책에 대해서는 더 이상 덧붙일 말이 없는 거다. 우리가 할 수 있는 말이라곤 그저 그 책과 함께한 나의 시간, 나의 기억, 나의 과거 같은 것들. 어떻게 읽었는지는 난무하는 말줄임표 때문에 알 수 없지만 이 리뷰를 보아하니 이 책을 두 번째로 읽은 2015년에도 좋았던 모양이다.

그리고 세 번째 만남이 바로 오늘이다. 피천득의 〈인연〉에서 세 번째의 만남은 아니 하지만 못했다고 했으나 그건 역시 대상이 사람이기 때문이고 책은 다른 결과를 줄 거라는 기대와 믿음이 있었다. 나는 책을 펼쳐 첫 장부터 천천히 다시 읽기 시작했다. 많은 생각들이 밤의 파도처럼 거세게 밀려왔다가 동트는 바다처럼 잔잔하고 부드럽게 하늘을, 내 마음을 비춰주었다.

《겨울 아이》는 꼬마 주인공 니꼴라가 가족을 떠나 이 주동안 스키캠프에 가서 겪게 되는 일들을 담고 있다. (이 책은 1999년에 《스키 캠프에서 생긴 일》이라는 제목으로 발간했다가 양장본으로 재출간되면서 《겨울 아이》가 되었다.) 니꼴라는 부끄러움이 많은 아이였고 학교에 다니는 동안에도 가족들에게 둘러싸여 보호를 받는 게 익숙한 심약한 아이였다. 부끄러움이 많고 심약한 니꼴라는 주변의 사람들과 친구들을 곧잘 관찰하곤 하는데(사실 인사를 하고 대화를 나눌 기회를 엿보기 위해 관찰력만 는 것인지도 모르지만), 그런 니꼴라에게 다시 없을 겨울방학이 선물처럼, 혹은 악몽처럼 찾아왔다.

친구들과 다 함께 전세버스를 타고 가고 싶었지만 니꼴라의 아버지는 혹시라도 일어날지 모를 버스 사고를 염려해 먼 거리를 자신의 승용차로 직접 데려다주었고, 그 바람에 니꼴라는 다른 친구들보다 하루 늦게 서먹서먹한 채로 캠프장에 도착한다. 니꼴라의 아버지는 항상 그런 식이었다. 학교에서 주는 급식도 믿지 못해 점심시간마다 니꼴라를 집에 데려와 가족과 함께 밥을 먹게 했다. 친구들과 가장 많은 이야기를 할 수 있고 친해지기 쉬운 시간이 바로 점심시간인데도 말이다. 그런 아버지가 원망스럽지만 니꼴라는 한 번도 자신의 의사를 내비친 적이 없다. 아버지가 섭섭해하리라는 걸 알기 때문이다.

엎친 데 덮친 격으로 캠프를 위해 준비한 모든 물건이 가득 든 배낭마저 아버지의 차 트렁크에 두고 내렸는데, 그걸 아는지 모르는지 그대로 돌아간 아버지에게서는 며칠째 연락이 없다. 니꼴라는 당장 갈아입을 잠옷이 없어 친구들에게 빌려야 했고 세면도구가 없으니 씻는 것도 미룰 수밖에 없다. 가뜩이나 겁이 많고 아는 친구 하나 없는 니꼴라에게 너무나도 가혹한 시간이었다. 게다가 긴장하면 밤에 잘 때 꼭 오줌을 싸는데, 그걸 대비해 준비해온 침대용 패드도 아버지의 차 트렁크 안에 있을 터였다.

이 부분을 읽고 나는 가장 오래되고 아득한 기억이 무엇이었을까 생각해보았다. 무엇이 나를 이토록 건드리는 걸까. 오래 생각할 것도 없이 바로 떠올랐다. 니꼴라의 모든 행동, 모든 생각과 사고방식이 과거의 나 그대로였던 것이다. 사귀고 싶은 친구에게 먼저 말을 걸 용기는 없지만 언제라도 친구가 된다면 다정하게 대할 자신이 있던 나는, 그러나 늘 혼자 말하기에만 익숙한 아이였다. 그런 내게 일 년 중 첫 짝을 정하는 날은 가장 긴장되는 순간이었고, 점심시간에 누구와 도시락을 먹게 될지는 언제나 결과를 알 수 없는 게임과 같았으며, 특히 소풍이나 수학여행 때 옆에 같이 앉을 친구를 정하는 것은 엄청난 도박이었다. 나는 아무것도 걸 게 없었다. 그저 누군가가 가장 마지막에 나를 지목해줄 때까지 기다려야만 하는 신세였다.

중학교 수학여행 때 나와 함께 앉은 아이가 기억난다. 나는 버스가 출발하기 전까지 그 애와 함께 앉게 될 줄 몰랐다. 그러니까 차에 타기 직전까지도 나는 내 옆에 앉을 짝꿍을 정하지 못했고, 정확하게 말하자면 누구에게도 같이 앉자는 말을 듣지 못한 거였다. 나처럼 짝을 정하지 못한 누군가 옆에 앉았는데 그 아이는 반 아이들이 싫어하는 아이였다. 나는 친구도 없고 말도 없었지만 반에서 누가 가장 인기가 많은지, 누구를 아이들이 싫어하는지는 어느 정도 알고 있었다. 그 아이에 대한 안 좋은 소문들이 귀에 들렸다. 근데 그 소문의 주인공이 내 옆에 앉다니, 결국 그렇게 되다니.

그때 내 표정이 어땠는지, 버스를 타고 가는 내내 그 아이와 무슨 말을 했는지, 말을 하기는 했는지 조금도 기억나지 않는다.

다만 기억나는 것이 있다면 캠프장에 도착할 무렵 심하게 찾아온 멀미였다. 차에서 내리기도 전에 내가 언제 먹었는지도 모를 음식물을, 이렇게 많이 먹었던가 의심스러울 정도로 엄청난 양의 음식물을 있는 대로 다 토해냈다. 옷과 의자와 바닥에 토사물이 줄줄 흘렀고 마침 버스가 도착했기 때문에 차에서 내리기 위해 지나가는 아이들이 전부 그 모습을 보았거나 애써 외면하는 것이 다 느껴졌다. 모든 게 다 꿈이었으면 좋겠다고 생각했던 그때, 아이들이 다 내릴 때까지 옆에서 기다렸다가, 마지막까지 남아 토사물을 닦고 뒷정리를 도와준 사람은 바로 옆자리에 앉았던 안 좋은 소문의 주인공, 그 아이였다.

나는 가끔 그때 옆에 앉았던 그 아이가 아니었다면 그날의 장면이 어떻게 기억될까, 그나마 그 아이가 옆에 있었기 때문에 오래도록 기억할 수 있게 된 것은 아닐까, 생각한다.

누군가 끔찍한 어려움을 겪고 있을 때 그를 도와주는 이가 딱 한 사람만 있어도 그는 끔찍함을 모면할 수 있다. 끔찍함이란 때론 외로움에서 오기 때문이다. 혼자밖에 없다는 외로움. 자기 혼자만 이 엄청난 일을 겪고 있다는 외로움. 물리적으로 큰 힘이 되어주지 못하더라도 그저 옆에만 있어 주는 것이 상황을 얼마나 따뜻하게 뒤바꾸어주는지. 딱 한 사람만 옆에 있어도. 그날의 기억은 이런 깨달음으로 남아 평생을 가게 된다.

낯선 스키 캠프장, 여전히 어색한 친구들, 연락이 없는 아버지, 한 아이의 실종……. 니꼴라를 긴장하게 만드는 일들은 계속되었고 결국에는 일이 벌어지고 만다. 기이한 꿈속에서 한참을 헤매던 니꼴라를 깨운 건 축축하고 불길한 어떤 느낌이었다. 잠옷 아랫도리와 침대 시트에 끔찍한 일이 벌어진 것이다. 하지만 니꼴라는 이번에는 오줌을 쌌을 때의 그 냄새가 나지 않는다는 것을 곧 깨닫는다. 몸에서 흘러나온 것은 이전보다는 좀 더 끈끈했다.

니꼴라의 몸속에서 흘러나온 그것이 무엇인지 지금의 나는 알고 있지만, 그 사실이 니꼴라의 몸과 마음이 되어 이 글을 읽고 있는 나의 두려움과 긴장감을 이완시켜주지는 못했다. 나는 완전히 어린 니꼴라가 되어(아마도 세 번째로) 책을 읽고 있었다. 그리고 생각한 것은 나의 초경이었다. 벌써 아주 오래전 일이 되어버렸지만 니꼴라의 경우처럼 내게도 그와 비슷한

'처음'이 있었다. 지금이야 생리대를 새로 사아 하거나 착용하던 것을(한두 시간마다) 교체해야 하는 때가 오면 지긋지긋함에 몸을 떨 정도지만 내게도 그걸 시작조차 하지 않았던 어릴 때가 있었고, 시작되기 전 대비 교육을 몇 번이고 들었던 때가 있었고, 마침내 시작되고나서 이게 뭐야…… 하던 때가 있었다는 것을 이 책을 읽고 떠올렸다.

주말의 명화를 신나게 보고 난 초등학교 6학년 겨울이었다. 2월이 되면 곧 졸업해서 중학교에 올라가는 바로 그 무렵이었다. 영화가 끝나고 자기 전에 화장실에 갔는데 팬티가 온통 시뻘겋게 물들어 있었다.

"이게 뭐야……." 나는 엄마에게 그걸 보여줬다. "뭐긴 뭐야, 그거지……." 엄마가 팬티를 갈아입히면서 팬티 속에 두툼하고 불편한 무언가를 끼워 넣어 주었다. 엄마 서랍에서 항상 보던 것이었다. 엄마는 그러고 나서 별말씀이 없었다. 기억나지 않는 건지도 모른다. 하지만 중요한 이야기, 평생 기억할 만한 이야기를 해주었다면 나는 잊지 않았을 것이다. 영화에서 종종 보았던 "넌 이제 완전한 여자가 된 거야."라든가, "이제부터는 더욱더 네 몸을 소중히 여겨야 해."라든가, 뭐 등등…… 엄마도 별말이 없었으니 아빠는 더더욱 그랬다. 아빠와 그런 이야기를 한다는 건 상상도 할 수 없었다. 영화에서는 종종 딸에게 꽃이나 케이크 같은 걸 안겨주기도 하더만. 지금도 아빠는 내게 2세 계획 같은 건 묻지도 않는다.

그때 내 역사적인 초경이 이미 시작된 줄도 모르고 한참을 정신 놓고 보았던 영화의 제목은 기억나지 않는다. 다만 영화의 마지막 장면이 거대한 공연장에서 열린 음악 공연이었다는 것 하나는 기억난다. 영화 내내 우여곡절을 겪었던 주인공이 마침내 엄청난 무대 위에서 수많은 관객을 향해 멋지고 신나는 노래를 부르는 장면이었다. 영화 끝까지 이어지던 음악과 함성. 관객들이 무대를 향해 외치던 그 소리가 영화의 제목이었던 것도 같은데.

장을 넘어갈수록 니꼴라의 막연하고도 막막한 두려움이 서서히 실체를 드러내기 시작한다. 마치 네 불길한 상상이 그대로 이루어졌다는 듯이. 도망갈 곳은 없다는 듯이. 한 장 한 장 읽어나가면서 나는 지난 수년 동안 두 차례에 걸쳐 이미 놀랐을, 그 놀람을 또 한 차례 겪었다. 어떻게 이럴 수가 있지. 200페이지도 되지 않은, 한 손에 그냥 잡히는 얇은 책 한 권일 뿐인데.

게다가 이건 아이들 이야기잖아. 열 살이나 되었을까. 다들 기대와 설렘으로 떠난 스키 캠프장에서 대체 무슨 일이 벌어진 거야.

가시만 남은 부위에 살점이 조금씩 붙더니 마침내 다시 살아나서 팔딱팔딱 대양 위를 뛰듯이 헤엄치는 청새치처럼 이야기가 이어졌다. 납작하게 누운 비닐 속에 천천히 숨이 들어가더니 마침내 커다란 풍선이 되어 우리 모두를 싣고 하늘 위를 나는 열기구처럼 이야기가 이어졌다. 두려웠지만 이건 공포물이 아니다. 사건의 전말을 알고 싶지만 이건 추리물도 아니다. 이 모든 일을 작은 몸으로 혼자서 감당해야 하는 어린 니꼴라에게 완전히 이입되어 세상을 바라볼 수밖에 없게 하는, 이 책은 나의 성장소설이다. 그래서 더욱 눈을 뗄 수가 없던 거였고 니꼴라에게 어서 평온함이, 오직 평안함이 찾아오기를 바라고 바라면서 읽게 되는 것이다.

몇 번을 다시 읽어도 매번 이전보다 더한 여운이 남는 것은 그때로부터 이만큼의 시간을 내가 또 살았기 때문이다. 이만큼의 시간을 살아놓고도 잊고 있었다. 매 순간의 감정 하나하나를, 몸과 마음을 거쳐 간 수많은 느낌과 기분을, 직선의 시간을 살고 있는 현실의 나와는 무관하게 매번 모양과 크기를 뒤바꿔가면서 제 스스로 살고 죽고 다시 사는 과거의 기억들을.

마침내 마지막 장을 넘겼을 때에는 문득 이런 생각이 들었다. 이런 이야기를 잊을 수 있다니. 도저히 이해가 되지 않았다. 멍청한 건가. 물론 크게 인심을 쓸 수 있는 부분은 있다. 이런 이야기를 마음에 담고 있기에 우리는 시시각각 부딪혀내야만 하는 일들이 너무 많다는 것을. 당장 앞으로 나아가기 위해 두 손으로 눈과 코와 입을 틀어막은 채 연기로 자욱한 어둠 속을 헤쳐나가는 기분으로 살아야만 했던 저마다의 사정들을 생각하면 말이다. 다시 이 글의 처음으로 돌아가서, 망각은 내 습관이니까. 나름의 탈출구이자.

결코 단순한 이야기가 아닌 이야기, 한 번 읽고 덮으면 그만인 이야기가 아닌 이야기. 하지만 우리는 그런 이야기를 얼마나 많이 읽어왔고 또 잊어버렸는가. 마치 여름의 정점에서 영하의 겨울을 잊어버리는 것처럼. 기억하려면 다시 그 계절을 맞이하는 수밖에 없다. 살갗으로 느껴야 한다. 그렇게 다시, 이번에는 꼭 기억하리라 마음먹으며 눈으로 활자를 도려내듯 읽어야만 하는 책들이 있다.

맺는 글

내가 기억하는 그날의 풍경이다. 다음 출간 계획에 대한 나의 두서없는 이야기를 끝까지 들은 황부농 책방지기가 내게 물었다. 원고를 완성하면 보여줄 수 있느냐고. 함께 작업했으면 좋겠다고. 그리고 그다음 말이 마음을 움직였다. "함께 해보는 경험도 작가님한테 좋을 것 같아서요."

그날의 일기에도 기록해놓았으니 내가 잘못 들은 게 아니라면 분명히 저렇게 말했다. (지금 전화해서 물어볼까? 새벽 두 시긴 한데.)

저 말이 아니었다면 아마 쉽게 고개를 끄덕이지 못했을 거다. 그전까지 나는 늘 혼자 작업했고 그게 편했다. 누구의 간섭도 확인도 절차도 따르고 싶지 않았다. 그건 회사에서 충분히 경험했으니까. 독립출판이 내게 준 가장 큰 선물은 자유였다. 그리고 나는 혼자일 때 가장 자유로운 사람이었다.

그런 내 마음을 훤히 들여다보았던 걸까. 책방 운영 삼 년이면 투시력이 생기나. 함께 해보는 게 나에게 좋을 거라니. 내게 좋은 경험을 기꺼이 같이 하고 싶다니. 출판사에서 작가를 섭외할 때 보통 저렇게 말하는 걸까. 그것도 모르고 나 혼자 좋은 쪽으로 해석하고 감동을 받은 건가. 아니면 그저 잘못 들은 말일까.

잘못 들었는지 제대로 들었는지는 몰라도 이것 하나는 확실해졌다. 그날 황부농의 예상은 100% 적중했다. 원고를 마무리하고 책이 나오기를 기다리고 있는 지금, 나는 지난 6개월 동안 다른 누군가와 '함께 해보는 경험'이 얼마나 좋았는지를 잘 알게 되었으니까.

책에 대한 이야기이긴 하나 내가 들어 있지 않은 책은 한 권도 없다. 독서 경험담 속에 자연스럽게 드러나는 그 시절 나의 삶은 창피하고 부끄럽기만 하다. 감추고 싶은 대목 앞에서 뒤돌아 달아나거나 말하고 싶지 않은 기억은 건너뛰려는 나를 붙잡아 더 깊은 내면까지 파고들도록 이끌어준 사람. 아무런 가닥 없이 의식의 흐름대로 뻗어 나가려는 이야기의 중심을 바로잡아준 사람. 모두 그 '함께'였다.

다른 이가 쓴 글을 보아주는 일은 천성으로 타고난 편집 능력과 스스로에게 부여한 엄중한 책임감이 아니고서는 불가능하다. 이 두 가지를 모두 갖추고 긴 시간 동안 '함께' 고민해준 이후진프레스의 책임편집자 손선일, 안지혜, 황부농 님에게 무한한 감사를 전하고 싶다.

디자인을 맡아준 스튜디오 티끌의 도티끌 님은 아무도 나를 몰랐을 때 독립출판 제작자 인터뷰를 하고 싶다고 먼저 연락을 해온 적이 있다. 내가 왜 이걸 하고 있는지, 얼마나 오랫동안 하고 싶었는지 누군가 물어봐 주길 바라던 차에 먼저 마이크(핸드폰 녹음기)를 내밀어준 이였기에 '함께'한다는 것을 알았을 때 누구보다 기뻤다.

내겐 소리 내어 읽으며 퇴고하는 습관이 있다. 시간이 꽤 지났는데도 여전히 이 글의 어떤 부분에선 멈추게 된다. 과장이 아니라 정말로 목이 메어서 멈춘다. 찔끔 나오는 눈물을 닦으며 사은품으로 손수건을 준비할 걸 그랬나 생각한다. 물을 한 잔 마시고 다시 읽는다. 이 부끄러운 졸고가 세상에 나올 수 있도록 아낌없이 내어준 '함께'의 마음을 생각하며 새로 한 줄 더.